Vorwort

Dieses Buch widme ich allen, die mich in Freundschaft auf meinem Wege begleitet haben und deren Namen ich gerne in Erinnerung behalte.

Danke an:

Mama, Papa, Oma Margot, Opa, Oma Gertrud, Helga, Horst, Anke, Hans-Georg, Mario (Bubi), Kerstin, und alle Anderen, die mich in Freundschaft begleitet haben.

Mit diesem Buch möchte ich endlich alle alten Kapitel in meinem Leben abschließen und einigen Menschen die Augen für die Wahrheit öffnen.

Ein besonderer Dank geht an meine Kinder Nicole und Patrick für die Geduld die Ihr mit mir gehabt habt. Ich möchte speziell Euch Beiden auch dafür danken, dass Ihr so oft zurückgesteckt habt und die Familie mit so viel Kraft unterstützt habt.

Ein herzliches Dankeschön an meinen Mann Michael, der sehr oft unter meinen Launen zu leiden hatte und mir geholfen hat über viele Schmerzen aus der Vergangenheit hinweg zu kommen. Danke, dass Du trotz aller Schwierigkeiten und Rückschläge immer wieder zu Kompromissen bereit warst.

Danke an Michael, Nicole, Patrick, Victoria und Franzisca, dass es Euch gibt.

All denen, die meinen Lebensweg ein Stückchen begleitet haben und es nicht bis hierher geschafft haben, möchte ich sagen, dass es einen Grund gibt, dass Ihr es nicht bis hierher geschafft habt. Ich trauere keinem von Euch nach, aber was Einige von Euch mir angetan haben, dass werde ich Euch nie vergessen und auch nie verzeihen. Für Euch sei gesagt: „Am gefährlichsten sind Menschen, die verletzt wurden, denn sie wissen wie man überlebt!"

Ich habe Eure Gewalt, Demütigungen und die Schmerzen die Ihr mir zugefügt habt überlebt:

Dennis, Roswitha, Friedolin, Walter A., Werner, Marc, Sascha S.,

Ich möchte mit diesem Buch auch 4 Verstorbenen Menschen gedenken, die mein Leben nachhaltig geprägt haben und mit denen ich viele lustige und auch manche traurige Stunde geteilt habe.

An meine verstorbene Tochter Christina:

Baby, Du konntest nicht leben, aber Du bist nicht vergessen und Du wirst auch nicht vergessen. Du weißt, dass Deine Mama Dich lieb hatte und immer noch lieb hat. Immer wenn ich einen Regenbogen sehe, dann weiß ich, dass Du ihn für mich in den Himmel gemalt hast um mir zu zeigen, dass Du da bist. Die 30 Wochen, die wir gemeinsam hatten kann uns keiner nehmen und es kommt der Tag, da werden wir die Ewigkeit nachholen. Wart auf mich und halt eine dicke Wolke über dem Meer in Schottland für uns frei, damit wir eines Tages gemeinsam die Delfine und Seehunde beobachten können.

An meine Oma Gertrud:

Du hast mein Leben begleitet und hast über fast 2 Jahre meine Familie ernährt. Wir hatten zwar nicht immer die besten Zeiten zusammen, aber dennoch bin ich Dir dankbar für alles was Du für mich getan hast und für jede Stunde, die wir geteilt haben. Ich erzähle meinen Kindern oft von Dir und von den langen Spaziergängen, die Du mit mir auf dem Hallberg gemacht hast. Danke für alles und auch dafür, dass Du mir meine Ausbildung zur medizinischen Fußpflege ermöglicht hast.

An meinen Opa:
Du warst 39 Jahre meines Lebens ein Begleiter, der nie gefragt hat, aber immer wusste, wann ich Hilfe brauchte. Deine Ratschläge wollte ich oft nicht hören, aber dennoch sind viele Deiner Ratschläge in meinem Kopf eingebrannt und ich befolge sie. Ich danke Dir für die Waldspaziergänge im Holzer Wald, bei denen Du mir Bäume und Sträucher erklärt und Früchte des Waldes gezeigt hast. Das Wissen über Pflanzen, Bäume und Vögel, das Du mir vermittelt hast habe ich an meine Kinder weitergegeben. Ich habe meine Vogelhäuser im Garten und ich füttere die Vögel, so wie Du es immer getan hast. Meine Kinder lachen heute noch über die Geschichte mit den zwei Eis, die Du damals alleine gegessen hast. Ich hab es Dir verziehen! Danke, dass Du mich so lange begleitet hast. Danke für die vielen schönen Stunden!

An Horst:
Du warst 42 Jahre meines Lebens ein Begleiter. Du warst Onkel, großer Bruder, Lehrer und eine Arme Socke. Ich hab Dich mit dem Morgenstern und der Axt verfolgt. Ich hab Dich angeschrien und Dir deinen Pudding streitig gemacht. Viele Stunden haben wir gemeinsam verbracht, wie Bruder und Schwester und auch wenn ich Dich oft nicht für voll genommen habe, so waren wir doch gute Freunde. Du hast mir Nachhilfe gegeben, als ich in der Schule nicht mitkam, weil ich so lange im Krankenhaus

war (1979). Du warst mein Trauzeuge bei meiner ersten Hochzeit und Du warst der Kegelbruder der die Stellung hielt. Du warst da, als Nicole und Patrick eingeschult wurden und Du hast ihre Schultüten mit gepackt. Danke für die vielen schönen Erinnerungen!

An alle Leser:
Auch wenn vieles in diesem Buch unglaublich scheinen mag, so ist dennoch jedes Wort wahr und ich habe jede beschriebene Situation erlebt. Ich spare es mir, die Beweise diesem Buch beizufügen, denn dann müsste ich Namen preisgeben und Menschen bis aufs äußerste bloß stellen. Ich möchte mit diesem Buch keinen Hass schüren, sondern einen Abschluss für mich finden. Für mich sollte diese Buch eine Therapie sein und für Leser kann es eine Lehre sein. Ich habe aus den 20 Jahren, die dieses Buch umfasst gelernt, dass man alles schaffen kann, wenn man es nur will. Nicht der Glaube versetzt Berge, sondern der Wille!
Ich schaue mit dem Abschluss dieses Buches noch einmal zurück auf das was ich bereits bewältigt habe und ich durchlebe die Schmerzen dieser mehr als 20 Jahre noch einmal. Auf meiner Reise durch die letzten 20 Jahre habe ich auch die schönen Zeiten nochmal durchleben können und ich schließe diese Kapitel meines Lebens mit der Veröffentlichung meines Buches ab.
Ich hoffe, dass ich vielen Lesern mit meinem Buch die Augen öffnen kann und ihnen zeigen kann, dass es immer weiter geht.

Kapitel 1

Als ich mit 18 heiratete, dachte ich, es wäre für immer, denn immerhin war ich ja schon über 4 Jahre mit dem Mann zusammen, den ich ehelichen wollte.

Wir hatten uns in der Schule kennen gelernt und verliebt und die Hochzeit sollte das schönste Fest in unserem Leben werden.

Am Morgen unserer Hochzeit machte ich mich fertig, meine Freundin kam um mir die Haare zu machen und mein Vater kam im geschmückten Mercedes um uns zum Standesamt zu fahren. Vor dem Rathaus warteten bereits die Trauzeugen auf uns und wir gingen gemeinsam die Treppen zum Standesamt hinauf. Mein Zukünftiger klopfte an die Tür und trat mit den Worten: „Guten Tag, ich soll heute hier heiraten!" ein.

Mein Vater und die Trauzeugen schauten sich und mich verdutzt an und mein Vater flüsterte etwas, was wie: „das mit der Hochzeit sollte sich Claudia nochmal überlegen!" Als die standesamtliche Trauung vollzogen war ging es direkt weiter zur Kirche, wo bereits die Gäste im Regen standen und auf uns warteten. Der Regen war ein weiteres Zeichen, dass ich bereits der ersten Schritt zu einem großen Fehler gemacht hatte. Doch es gab noch mehr Zeichen und ich habe alle Zeichen missachtet und meinen bekannt sturen Dickkopf durchgesetzt.

Die Hochzeit in der Kirche verlief nahezu fehlerfrei und so ging es weiter in die Gaststätte, wo eine große Feier stattfinden sollte.

Die Feier verlief zunächst wie geplant und alle verstanden sich prächtig und tranken und feierten. Die Einen tranken mehr, die Anderen tranken weniger. Mit dem steigenden

Alkoholpegel der Einen fiel die Stimmung der Anderen. Leider war auch meine Stimmung im Keller, denn an diesem Tag ging mir der Onkel meines inzwischen angetrauten Mannes nicht aus dem Sinn. „Bubi", war das „schwarze Schaf" der Familie und hatte in den Jahren seiner Jugend viele dumme Sachen gemacht, für die er aber auch gerade gestanden hatte. Ich mochte Bubi immer und ich hätte ihn auch gerne bei der Hochzeit dabei gehabt, aber mein Schwiegervater hasste ihn. Er hasste ihn nicht einfach nur, sondern er verleugnete ihn und hätte ihn liebend gerne von einem Auftragskiller um die Ecke bringen lassen, wenn er einen Auftragskiller gefunden hätte. Rückblickend möchte ich sogar sagen, dass er am liebsten die gesamte Verwandtschaft meiner Schwiegermutter von der Erde gewischt hätte, denn mein Schwiegervater hielt sich für etwas Besseres und die Familie seiner Frau war für ihn nur Abschaum. Meine Meinung hierzu war und ist, dass all diese „Subjekte", wie er sie zu nennen pflegte, mehr Wärme und Liebe gaben, als er es jemals konnte. Ich werde nie vergessen, wie sich mein Schwiegervater bedrohlich vor mir aufbaute und mir mit drohender Mine verboten hat, Bubi einzuladen. Meine Schwiegermutter stand nur wortlos dabei und nickte. Wieder zurück zur Feier. Je mehr getrunken wurde, umso lauter und explosiver wurde die Stimmung und so kam es, dass wir die Feier früher als geplant beendeten, um einen größeren Krach zu vermeiden.

Der Morgen nach der Hochzeit fing schockierend an und die Woche nach der Hochzeit endete noch schockierender. Am Morgen nach der Hochzeit lag mein Angetrauter im Bett und grinste mich an. Auf meine Frage, warum er so grinste bekam ich zur Antwort: „Weißt Du eigentlich, warum ich Dich geheiratet habe?" Ich schaute ihn an und antwortete: „weil Du mich liebst?" Er lachte laut und entgegnete: „ Quatsch, weil ich nicht zur Bundeswehr wollte und weil Du aus einer Familie mit Geld kommst!" Ich hätte ihn verlassen solle, aber ich war einfach nur blöd! Das dicke Ende kam dann mit dem Ende dieser Woche, denn am Freitag präsentierte mir mein Gatte seine Kündigung, die er von seinem Arbeitgeber bekommen hatte. Ihm war gekündigt worden, weil er einer Kundin gegenüber sehr frech war und sein Chef keinen Mann beschäftigen wollte, der sich im höchsten Maße geschäftsschädigend verhielt. Im gleichen Atemzug wies mich mein Mann dann darauf hin, dass ich ja meinen Vater um finanzielle Unterstützung bitten könnte. Auf unserem Bankkonto befanden sich zu dieser Zeit noch runde 5000 DM, die aus wir zur Hochzeit geschenkt bekommen hatten, doch das Geld war schnell weg, weil mein Mann nur sein Auto und sein Vergnügen im Kopf hatte.

Wochen und Monate vergingen und die Stimmung wurde immer gereizter, denn mein Mann trank schon in den frühen Morgenstunden und meine „lieben" Schwiegereltern, bei denen wir im Haus in unserer Wohnung lebten mischten sich in unser Leben ein und saßen uns ständig auf der Pelle. 20 Mal am Tag kam meine Schwiegermutter um mir zu sagen, was ich wie und wo und wann zu tun hatte und mit wem ich Kontakt haben sollte und mit wem nicht. Meine Telefonrechnungen und Briefe wurden von meinen Schwiegereltern geöffnet und sie verschafften sich Stück für Stück Kontrolle über alles was sich in unserem Leben abspielte. Mein Schwiegervater kam nach seiner Arbeit beim Bauamt in unsere Wohnung und bediente sich an unserem Kühlschrank, als wäre es selbstverständlich. Einmal saß ich in der Badewanne und mein Schwiegervater platze ins Bad und begutachtete mich von Kopf bis Fuß. Ich bat ihn, das Bad zu verlassen, aber er lamentierte herum, dass er sich in seinem Haus bewegen könnte, wo er wollte und ich ja nur geduldet wäre. Ein anderes Mal kam er ins Schlafzimmer, als ich mich anzog und erklärte mir, dass er das Recht hätte, mit mir Sex zu haben, weil er, als mein Schwiegervater nach irgendeinem Gesetz aus dem Mittelalter ein Anrecht auf meinen Körper hätte. Ich hatte panische Angst vor meinem Schwiegervater, denn genau wie mein Mann trank er sehr viel und wenn er betrunken war, dann schlug er auch gerne mal zu. Immer wieder kam es zu Übergriffen meines Schwiegervaters und auch wenn meine Schwiegermutter nichts davon wissen wollte, so hat sie es dennoch gewusst und geduldet. Mein Unbehagen fing am Morgen mit dem Aufwachen an und endete nicht, wenn ich schlief. Ich hatte mit Alpträumen zu kämpfen und wachte oft schweißgebadet auf.

Kapitel 2

Ich war zu dieser Zeit mit meiner ersten Tochter
schwanger und wollte eigentlich meine Ruhe haben, weil
es mir sehr schlecht ging, aber das kümmerte meine
Schwiegereltern nicht. Im März fand mein Mann dann
eine neue Arbeit und das bedeutet für mich, dass es
bergauf gehen sollte. Leider hatte ich mich da sehr
getäuscht, denn von nun an trieb sich mein Mann nach der
Arbeit mit seinen Kollegen rum und versoff das Geld.
Mein Sparbuch war bereits aufgebraucht und meine Eltern
hatten bereits den ein oder anderen Hunderter zugesteuert.
Als mein Mann dann seine Lohn bekam, fing er auch noch
an, in der Kneipe Monopoly um Geld zu spielen. Das
Resultat war, dass wir kein Geld mehr hatten und ich
erneut meine Eltern um Hilfe fragen musste.
In der Nacht zum 9. April 1984 bekam ich dann starke
Wehen und meine Schwiegermutter hatte die Güte, mich
dann doch nach diversem Bitten und Betteln um 11 Uhr
am 9.April in die Klinik zu bringen. Dort kam ich sofort in
den Kreißsaal und meine Tochter wurde um 14 Uhr
geboren und verstarb kurz nach der Geburt. 4 Tage musste
ich in der Klinik bleiben. 4 Tage in denen mein Mann
mich weder besuchte, noch mit mir telefonierte. Er war
auch telefonisch nicht erreichbar, denn er war, wie ich
später raus fand, zu diesem Zeitpunkt jeden Abend nach
der Arbeit bei einer seiner Exfreundinnen. Mir erzählte er,
als ich dann aus der Klinik kam, dass er seinen „Kummer"
über den Verlust des Babys alleine in unseren vier Wänden
herunter gespült hätte und zu betrunken war, um mich
anzurufen, oder auf meine Anrufe zu reagieren. Mir kam
das Ganze sehr suspekt vor, aber ich hatte nicht die Kraft

zu streiten, denn neben dem Verlust meiner Tochter hatte ich auch noch zu verkraften, dass mein Kind nie ein Grab haben würde, weil ich keinen Anspruch auf den Körper meiner Tochter hatte, weil ihr kleiner Körper als „Klinikmüll" galt. Sie wog nur 500 Gramm und hatte weniger als 3 Minuten gelebt. Der Arzt in der Klinik sagte mir ganz kalt, dass sie nach Abschluss aller Untersuchungen im Klinikmüll entsorgt werden würde. Ihr Körper kam dann nach Mainz in die Uniklinik zu Untersuchung und ich hatte weder die Möglichkeit mich zu verabschieden, noch konnte ich mit der Sache abschließen.

Wie ich mit dem Verlust meines Kindes klar kam, das interessierte keinen, denn das Thema wurde totgeschwiegen. Meine Trauer durfte ich nicht zeigen und wenn ich mit dem Thema anfing wurde mir gesagt, dass ich aufhören soll daran zu denken, weil ich meine Tochter ja nie wirklich gekannt hätte und somit keine Gefühle für das Kind hätte entwickeln können. Wie es in mir aussah interessierte kein Schwein. Meine Tochter war tot und ich ich war alleine gelassen von allen. Kein Mensch verlor ein Wort über mein Kind, oder über den Verlust und das Leben sollte weiter gehen, als wäre ich nie schwanger gewesen. Es gab einen Menschen, der mir mal einen ganzen Nachmittag zugehört hat und der mein Kind nicht tot schwieg. Bubi!!! Der Onkel meines Mannes, das schwarze Schaf der Familie. Bubi kam an einem Nachmittag vorbei um Musik zu hören und einen Kaffee zu trinken und er fragte mich, wie es mir geht. Bei ihm konnte ich mich dann mal ausweinen und er hat einfach nur zugehört. Als mein Schwiegervater an diesem Tag nach seiner Arbeit in meine Wohnung kam gab es Stress, weil Bubi nichts in „seinem Haus" zu suchen hätte und er als Hauseigentümer das Hausrecht habe. Bubi verließ das Haus und war mal wieder von seinem Schwager in den Arsch getreten worden. Ich hatte mich an diesem Abend zu verantworten, warum ich dieses Subjekt, wie meine Schwiegervater Bubi zu nennen pflegte, in das Haus meiner Schwiegereltern gelassen hatte. Ich versuchte mich damit zu verteidigen, dass wir ja schließlich auch Miete zahlten und wir somit auch Rechte hätten. Mein Schwiegervater klärte mich dann auf, dass ich keinerlei Rechte hätte und zu tun und zu lassen hätte, was er mir sagt. Das meine Schwiegereltern immer ohne anzuklopfen in meine Wohnung kamen ging mir von Tag zu Tag mehr auf den Keks und ich wollte einfach nur aus diesem Haus raus. Ich war inzwischen wieder schwanger und konnte mich auf mein Kind nicht im geringsten freuen, denn der ganze Stress ging mir mächtig auf den Keks. Wenn es mir schlecht ging, dann hetzte mich meine Schwiegermutter rum und erklärte mir, dass eine Schwangerschaft keine Krankheit wäre. Die Tatsache, dass ich eine Risikoschwangerschaft hatte interessierte keinen Menschen. Zusätzlich hatte ich dann meinen inzwischen alkoholkranken Mann, der mir das Leben schwer machte und meinen versoffenen Schwiegervater, der mir täglich zeigte, dass die Hölle ein Paradies ist im Vergleich zu meinem Leben in diesem Haus. Als Nicole dann endlich am 1.12.1985 geboren wurde hoffte ich nur, dass alles besser werden würde. Anstatt zum positiven änderte sich alles allerdings zum negativen, denn meine Schwiegereltern wollten, dass ich meinen geliebten Hund abschaffe, weil er angeblich eine Gefahr für mein Kind darstellte. Ich setzte mich durch und behielt den Hund und das führte zu weiteren Eskalationen, denn der Hund erlaubte meinen Schwiegereltern nicht, sich dem Kinderbett zu nähern. Für meine Schwiegereltern war das ein Zeichen, dass der Hund gefährlich war.

Die Einmischungen meiner Schwiegermutter, was die Pflege meiner neugeborenen Tochter Nicole anging konnte ich einfach nicht mehr ertragen. Ich bekam Vorschriften gemacht, was ich dem Kind füttern soll und wie ich mein Kind zu baden hatte. Wenn Nicole nachts weinte, dann gab es am nächsten Tag Krach, weil mein Schwiegervater davon wach geworden war.

Ein eigenes Leben war mir in diesem Haus nicht gestattet und ich hatte das Spiel zu spielen, welches mir von meinen Schwiegereltern und meinem Mann aufgetragen wurde. Ich konnte Besuch haben, aber nur, wenn dieser zuerst durch die Kontrolle bei meinen Schwiegereltern gegangen war und diese den Besuch genehmigt hatten. Mein Schwiegervater wies mich ständig auf sein Hausrecht hin und so kam es, dass mein Freundeskreis zu einem Minimum zusammenschrumpfte. Ich versuchte Konfrontationen zu vermeiden und traf mich mit Freunden nur noch außerhalb unserer Wohnung, denn wenn tatsächlich mal jemand zu uns kam, dann ergaben sich immer wieder dramatische Szenen und alles endete in den Handgreiflichkeiten meines Schwiegervaters.

Die Situation spitzte sich erneut zu, als ich eines Tages Besuch von einigen Verwandten aus Schweinfurt bekam. Wir mussten uns Stühle von meinen Schwiegereltern leihen, denn wir hatten nur 6 Stühle. Mein Schwiegervater schrie und tobte durch den Hausflur, was denn dass für Zustände seien, sich Stühle zu leihen. Ich fragte ihn, was sein Problem wäre und er beschimpfte mich und meine

Familie aufs Übelste. Ein weiteres Mal fuhr mich meine Cousine, die aus Reutlingen zu Besuch bei meiner Oma war nach Hause. Steffi fuhr zu dieser Zeit einen Golf Carman Cabriolet und parkte das Auto vor dem Haus. Als mein Schwiegervater heim kam fragte er, ob meine Cousine auf den Strich ginge, dass sie sich ein solches Auto leisten könnte. Er wusste sehr genau, wer meine Cousine war und dass sie aus sehr reichem Haus kam, aber er wollte einfach nur bösartig sein und er war es .Es ging so weit, dass ich keinen Besuch mehr wollte, weil mein Schwiegervater sich nicht zu benehmen wusste. Zu den Schlägen, die ich von meinem Mann kassierte, kamen nun immer öfter auch Schläge meines Schwiegervaters hinzu, der glaubte, mich erziehen zu müssen.

Mein Mann stimmte nach langem Hin und Her zu, dass wir eine andere Wohnung suchen.

Wir fanden nach einigem Suchen eine Wohnung in Heusweiler. Dachgeschoss, ca. 100 Quadratmeter mit Terrasse zu einem annehmbaren Preis. In der neuen Wohnung ging es mir etwas besser, denn wer auch immer zu uns kommen wollte, musste erst an der Klingel klingeln und mein Schwiegervater kam sowieso nicht zu Besuch, denn er sprach bereits Wochen vor dem Auszug nicht mehr mit mir, weil ich ihm gedroht hatte, seine Übergriffe an die ganz große Glocke zu hängen. Er hatte mir zum wiederholten Male eine Ohrfeige verpasst und ich drohte ihm, alle Vorfälle der Polizei zu melden. Diese letzte Ohrfeige konnte er auch nicht abstreiten, denn seine Schwiegermutter war Zeuge dieses Übergriffes geworden und hätte niemals vor der Polizei gelogen.

In der neuen Wohnung nahm ich dann die Tochter meiner besten Freundin in Tagespflege und so hatte die kleine

Nicole eine Spielgefährtin, die nur 5 Monate älter war und ich hatte meine Freude an den beiden Mädels.

Ich wurde wieder schwanger und damit kamen weitere Probleme, denn Stefanie, die Tochter meiner Freundin erkrankte an Röteln und ich hatte keinen Rötelschutz und hatte auch nie die Röteln. So kam es, dass meine Freundin sich eine neue Betreuung für Stefanie suchen musste und ich wieder alleine mit Nicole war. Ab und zu besuchten mich alte Schulfreundinnen, aber mein Mann wollte das nicht und vergraulte diese aus unserer Wohnung. Mein Vater holte meinen Mann zu dieser Zeit bereits jeden morgen ab und fuhr ihn auf die Arbeit, denn wenn mein Vater dies nicht getan hätte, dann wäre mein Mann nicht arbeiten gegangen und die Schulden wären weiter angewachsen. Mein Mann trank auch sehr viel und je mehr er trank, umso gewalttätiger wurde er. Unser Freundeskreis schrumpfte wieder auf eine handvoll Leute zusammen, denn der Alkoholismus meines Mannes und seine Gewalttätigkeiten trieben jeden noch so guten Freund weg. Die einzige Abwechslung die mir noch blieb war ein Kegelabend, der einmal alle 14 Tage stattfand. Ich freute mich einerseits immer auf diesen Kegelabend, aber andererseits wusste ich, dass diese Kegelabende in einem Alkoholexzess endeten, weil mein Mann sich immer bis an den Rand der Besinnungslosigkeit trank. Die meisten dieser Kegelabende endeten mit Peinlichkeiten, denn mein Mann wusste im Suff nicht was er tat. An einem Kegelabend stellte er seine Turnschuhe auf den Nachbartisch, an dem fremde Menschen saßen und ihre Pizza aßen, an einem anderen Kegelabend furzte er laut und machte sich einen Spaß daraus. Zu all diesen Peinlichkeiten kam noch hinzu, dass ich zu dieser Zeit keinen Führerschein hatte und wir Nicole an diesen Abenden bei meinen Eltern abholen mussten. Das hieß, dass mein Mann immer im voll-trunkenen Zustand Auto fuhr und ich Angst hatte, dass die Polizei und anhalten würde. Durch all diese Trinkereien und die Art die mein Mann an den Tag legte verabschiedeten sich nach und nach alle Leute aus dem Kegelclub und bis auf ein befreundetes Paar und mein Onkel war keiner geblieben. Eine Schar von Alkoholikern und Spinnern versammelte sich um meine Mann und es kostete mich einige Mühen, diese Leute von unserer Wohnung fern zu halten. Manchmal gelang es mir eine Ausrede zu finden, warum niemand in unsere Wohnung kommen konnte, aber oft bekam ich Schläge von meinem Mann und er verließ dann mit seinen Saufkollegen das Haus und kam erst in den früher Morgenstunden zurück. Die Tage meines Mannes fingen mit einem Schnaps oder Bier an, dann fuhr ihn mein Vater zur Arbeit. Am Spätnachmittag kam mein Mann dann meistens heim und trank weiter, bis seine Freunde anriefen, oder vorbei kamen.

Mein Mann hatte sich inzwischen mit unserem Vermieter derart zerstritten, dass es ständig Stress zwischen den beiden Männern im Haus gab. Alles hatte in einem Streitgespräch in Suff über die rechtsradikalen Ansichten meines Mannes angefangen und es eskalierte. Für mich gab es nur die Lösung des Auszugs, oder des Umzugs, aber für meinen Mann war das alles kein Problem, denn er störte sich nicht an dem gespannten Verhältnis.

Erschwerend hinzu kam, dass der Vermieter eines Tages zu mir kam und mir mitteilte, dass mein Mann seit zwei Monaten keine Miete mehr bezahlt hatte. Als mein Mann an diesem Tag heim kam bin ich aus-gerastet und habe ihn angeschrien. Seine Antwort war, dass er das Geld beim Spiel verloren hatte und am Wochenende eine „Schwarzbaustelle" habe und das Geld wieder reinkomme.

Das Wochenende verging und das Geld für die Baustelle endete in Riegelsberg in der Kneipe am Spieltisch. Inzwischen waren meine Eltern eine Art Zweigstelle der Bank geworden und der Gerichtsvollzieher ging ein und aus. Es sah finanziell sehr düster aus und ich habe trotz meiner Schwangerschaft immer wieder an Selbstmord gedacht. Einkäufe beschränkten sich auf alles was billig war und Fleisch war Luxus. Der Metzger in Heusweiler verkaufte damals Wurstabschnitte im Paket, die für Hunde oder sonstige Tiere gedacht waren. Es gab Wochen, in denen ich diese „Hundepakete" kaufte, um wenigstens ab und zu mal ein Wurstbrot essen zu können. Die finanzielle Misere spitzte sich weiter zu, denn für meinen Mann war es oberste Priorität, dass Bier im Haus war. Weder meiner Eltern, noch sonst jemand wussten von alle dem, aber Alle bemerkten, dass etwas nicht stimmte.

Kapitel 3

Meine Eltern machten dann Geld frei, nahmen ein Darlehen auf und kauften ein Haus, welches wir bei meinen Eltern abbezahlen sollten. Wir zogen um und hatten eine Baustelle, denn nichts im Haus war fertiggestellt. Heizung wurde eingebaut, Strom neu verlegt, Räume um und ausgebaut.....
Bei einer Vorsorgeuntersuchung im September 1986 sagte der Arzt mir, dass ich Zwillinge erwarten würde. Als ich mich bis zum Dezember mit dem Schock abgefunden hatte kam dann der nächste Schock. Der Arzt sagte mir, dass ich meine Kinder verlieren würde. Ich bekam Blutungen, aber mein Mann fuhr mich nicht in die Klinik, oder zum Arzt. Ich ging am nächsten Tag zum Arzt und er stellte nur noch ein Baby fest und er meinte, dass ich dieses Baby wahrscheinlich auch noch verlieren würde. Ich verlor das Baby nicht. Ich arbeitete zu dieser Zeit im Geschäft meiner Eltern, um wenigstens ein paar Mark zu verdienen, damit das Geld ansatzweise reichte um Essen zu kaufen. Zu dieser Zeit bezog ich bereits regelmäßig Prügel von meinem Mann, wenn ich nicht genügend Bier im Haus hatte.Im März kam es dann knüppeldick, denn im Alkoholwahn prügelte mich mein Mann nahezu krankenhausreif und schoss mich anschließend im Haus ein und ging in die Kneipe. Eine meiner Freundinnen hatte zu dieser Zeit bereits einen Schlüssel für unsere Tür, weil sie wusste, was bei uns abging und ich ihr vertraute. An diesem besagten Tag hatte Kerstin mich bereits mehrfach versucht anzurufen, aber mein Mann hatte das Telefon aus der Wand gerissen. Weil Kerstin sich Sorgen machte kam sie zum Haus und sah mich durch das Küchenfenster auf

dem Boden kauern. Ich war hochschwanger und grün und blau geprügelt. Kerstin war Azubi bei einem ortsansässigen Arzt und schleppte mich zur Praxis. Auf die Frage vom Arzt, was ich denn gemacht hätte, antwortete ich, dass ich beim abstauben von der Leiter gefallen wäre. Der Arzt glaubte mir nicht, konnte aber auch nichts tun, weil ich beharrlich darauf bestand, von der Leiter gefallen zu sein. Ein anderes Mal prügelte er mich in unserem Wohnzimmer und schlug meinen Kopf immer wieder in eine Steinwand. Wieder vergingen Wochen und Ende April wurde ich richtig krank. Ich hatte zunächst eine Grippe, ging aber nicht zum Arzt, aus Scham über all meine neuen und alten Blutergüsse und aus Angst vor unangenehmen Fragen. Der errechnete Geburtstermin war der 3. Mai 1987, doch zu diesem Zeitpunkt war meine Grippe bereits zu einer beginnenden Lungenentzündung heran gereift. Der nächste Besuch beim Frauenarzt war nicht sehr erfreulich, weil ich zum einen Antibiotika benötigt hätte, zum anderen aber aus Rücksicht auf das Kind und meine Risikoschwangerschaft keine Antibiotika haben konnte. Durch die Krankheit konnte dann auch nach einer Woche über die Zeit keine Geburt eingeleitet werden und so riet mir der Arzt, mich viel zu bewegen und zu baden um die Wehen auszulösen. Am 13. Mai 1987 musste ich Nachts zur Toilette. Ich quälte mich mit meinem dicken Bauch aus dem Bett und wollte die Treppen hinunter zum Bad. Als ich oben an der Treppe stand gab mir mein Mann einen Stoß in den Rücken und ich fiel. Im Sturz drehte ich mich, um nicht auf den Bauch und somit auf das Baby zu fallen. Ich fiel auf den Rücken und stürzte die ganze Treppe hinunter. Beim Sturz hatte ich mir die Zehe und das Steißbein gebrochen. Ich lag unten an der Treppe und mein Mann stand oben hämisch grinsend. Jede Bewegung schmerzte höllisch und ich hatte panische Angst um mein Kind. Mein Mann drehte sich um und ging zurück in sein Bett. Mühsam raffte ich mich auf und schleppte mich ins Bad. Ich konnte weder sitzen, noch liegen, noch stehen, denn alles schmerzte. Ich wollte sofort in die Klinik, aber ich hatte keinen Führerschein und mein Mann stellte sich schlafend und antwortete nicht auf meine Rufe. Nach ca. 1 Stunde fühlte ich Tritte in meinem Bauch und die signalisierten mir, dass dem Baby nicht viel passiert sein konnte.

Am nächsten Tag kam meine Freundin Kerstin und fuhr mich zum Gynäkologen. Kerstin hatte ich erzählt, was er getan hatte, aber ich hatte sie auch zum Schweigen verurteilt. Der Arzt wollte wissen, warum mein kompletter Rücken grün und lila war, doch ich konnte ihm nicht die Wahrheit sagen, weil ich Angst vor den Repressalien meines Mannes hatte. Patrick wurde am 29.Mai 1987 geboren und hatte ein Kephalhämatom am Kopf. Der entbindende Arzt meinte, dass so was passieren könnte, wenn das Kind bei der Geburt zu schnell ins Becken rutscht. Ich denke, dass das eine Folge des Treppensturzes war. Patrick wurde um 3:47 Uhr geboren und mein Vater holte mich um 9 Uhr aus der Klinik ab. Wir fuhren in die Wohnung meiner Oma väterlicherseits und Oma umsorgte mich bis zum Mittag. Am Nachmittag fuhr mich mein Vater zu meiner Oma mütterlicherseits und dort wurde ich bis zum Abend versorgt. Am Abend kam dann mein Mann und ich musste zurück in die Hölle. Ich hoffte von ganzem Herzen, dass sich nun etwas ändern möge, aber das waren Wunschträume.

Zwischenzeitlich hatte mein Mann seinen Eltern von der

Geburt von Patrick berichtet und auch davon, dass Patrick eine massive Beule am Kopf hat. Den Satz, den mein Schwiegervater dann am Telefon sagte werde ich nie im Leben vergessen. „Den hätte man besser an den Füßen genommen und über einen Absatz geschlagen!" Von da an wollte ich nicht, dass dieses Monster von Schwiegervater meinen Kindern begegnet und ich habe jeglichen Kontakt mit ihm unterbunden.

Am 6. Juni hatten wir unsere Freunde und Bekannte zu einem kleinen Umtrunk eingeladen und wir wollten auf den kleinen Patrick anstoßen. Ich hatte einen Eintopf gekocht und wir hatten ein paar Flaschen Sekt und einen Kasten Bier gekauft. Der Abend verlief schön und da alle Paare ebenfalls kleine Kinder hatten, beendeten wir die Feier gegen 23 Uhr. Eine Freundin, die zu dieser Zeit weder gebunden war, noch Kinder hatte blieb etwas länger. Gegen 0 Uhr war ich müde, aber mein Mann und die Freundin entschieden sich, noch auf ein Straßenfest in Walpershofen zu fahren. Da ich zu diesem Zeitpunkt meiner Freundin vertraute stimmte ich zu, dass sie mit ihm alleine auf das Fest geht. Ich ging ins Bett und schlief ein. Um 3 Uhr wurde ich wach, weil Patrick Hunger hatte. Ich fütterte ihn und begann mir Sorgen zu machen, wo mein Mann bleibt. Patrick bekam noch eine frische Windel und ich legte ihn wieder ins Bett. Ich konnte nicht schlafen, weil ich mir Gedanken machte, wo mein Mann bleib. Ich stand am Fenster und wartete. Gegen 4:30 Uhr sah ich das Auto meiner Freundin aus einer Straße kommen, die aus dem Wald heraus führte. Dieser Wald war bekannt dafür, dass dort Pärchen ihre Schäferstündchen abhalten. Sie parkte ihr Auto vor unserer Haustür und dann klingelte sie. Mein Mann hatte mal wieder keinen Schlüssel dabei. Ich stellte mich zunächst schlafend, öffnete aber dann nach einer Weile. Beide kamen ins Haus und ich war stocksauer. Meine Freundin meinte dann nur zu meinem Mann: „ Ich brauche ja wohl nicht zu fragen, ob ich hier übernachten kann?!" Dieser Satz brachte mich fast zum explodieren und ich schaute sie an und sagte: „Besser, wenn Du nicht fragst und gehst!" Sie ging und ich habe mir meinen Mann vorgeknöpft. Nach einigem rumdrucksen sagte er mir dann, dass er mit meiner Freundin geschlafen hätte und dass er es toll fand. Ich drehte mich um und ging ins Kinderzimmer zum schlafen und sperrte die Tür von innen ab, dass er mir, oder den Kindern nichts tun konnte. Am nächsten Morgen versuchte ich ein Gespräch und ich wollte mich trennen. Er lachte mich aus und lies mich stehen. Die gleiche Freundin, mit der er mich betrogen hatte, tauchte am Nachmittag auf, um „uns" abzuholen. Ich war rasend vor Wut und sagte ihr, dass sie ihn gerne mitnehmen, kann, aber dann mit all seinen Sachen. Meine Freundin verließ das Haus und war nicht mehr gesehen. Mein Mann blieb und ich bekam meine Portion Prügel für mein Verhalten. Montags ging ich dann wieder zu meinen Eltern ins Geschäft. Ich nahm beide Kinder mit, lief zur Bushaltestelle, fuhr mit dem Bus nach Saarbrücken und half im Geschäft mit. An diesem Montag bat ich meine Mutter um einen Vorschuss, weil ich Babynahrung und Windeln kaufen musste. Ich bekam 50 Mark. Meine Oma kaufte mir 1-2 mal pro Woche Lebensmittel für uns alle und so musste ich nur für Babynahrung und Windel kaufen. Die 50 Mark waren ausreichend für Windeln für Nicole, Windeln für Patrick, Babybrei für Nicole und Milch für Patrick. Als ich an diesem Abend heim kam und die Tüten abstellte schrie mich mein Mann an, wo das Bier wäre. Ich versuchte ihm zu erklären, dass ich kein Geld für Bier übrig hatte, weil alles für Brei, Milch und Windeln drauf gegangen war. Ohne Vorwarnung bekam ich einen Schlag mit der Faust ins Gesicht und diverse Tritte folgten. Ich lag auf dem Boden und hatte Schmerzen am ganzen Körper. Ab einem gewissen Punkt fühlte ich keinen Schmerz mehr, oder mein Gehirn hat das Schmerzzentrum ausgeschaltet. In diesem Moment beschloss ich mich zu trennen. Ich wollte wirklich mit meinen Eltern reden, aber die Scham war zu groß. Immer wieder rastete er aus und schlug mich zusammen, oder bedrohte mich mit seiner Luftpistole. Ich erwachte mitten in der Nacht und hatte eine Luftpistole auf meinen Hals gerichtet und er stand neben mir und grinste mich an. Wenn ich sagte, dass ich mich trennen wollte und mit meinen Eltern reden würde, dann folgten Schläge, Tritte und Drohungen, solange bis ich wieder nachgab und blieb. Als ich mich mal wieder trennen wollte stieß er Nicole die Treppe runter und warf ihr einen Antennenfuß nach, der sie im Rücken und am Kopf traf. Ich nahm Nicole auf den Arm und während ich mein Kind tröstete kam er die Treppe runter und schlug auf mich ein. Ich schlief meistens auf der Couch um seiner Gewalt zu entfliehen, aber auch das war immer nur ein kurzfristige Lösung. Um nicht weiteren Schlägen und Prügeleien ausgesetzt zu werden beschloss ich eine andere Taktik zu fahren. Ich umgab mich immer wenn ich in meinem Haus war mit Freunden und Bekannten, denn so lange sie da waren war ich sicher. Es funktionierte, denn meine Schläge reduzierten sich auf circa 3 mal pro Woche und auch nur dann, wenn kein Bier im Haus war, oder wenn er nicht seinen Willen bekam.

Da mein Mann nicht arbeitete weitete ich meine Halbtagsarbeit aus und ließ meinen Mann alleine zu hause, während ich mit den Kindern in Saarbrücken bei der Arbeit war. Die Kinder musste ich mitnehmen, weil er sich weigerte nach den Kindern zu sehen und weil er keinem Kind die Windeln wechseln wollte. Eines Abends kam ich mit dem Bus von der Arbeit und das ganze Haus war dunkel. Ich ging rein und rief, aber keine Antwort kam. Ich lief in den ersten Stock, doch auch hier war er nicht. Ich ging oben ins Dachgeschoss und als ich die Tür zum Schlafzimmer öffnete traf mich fast der Schlag. Mein Mann lag mit einer fremden Frau im Bett und vergnügte sich. Ich bin ausgerastet und habe herum geschrien. Mein Mann lachte mich aus und fragte mich nur, warum ich denn so intolerant wäre. Ich war schockiert und wollte weg, aber da ich die kleinen Kinder hatte warf ich die Dame raus und schloss mich anschließend mit den Kindern im Wohnzimmer ein, bis er eingeschlafen war, denn hätte ich dies nicht getan, dann hätte ich wieder Prügel bezogen. Am nächsten Morgen packte ich dann die Sachen meiner Kinder und ein paar Sachen von mir und ich wollte gehen, aber mein Mann bekam Wind davon und schlug mich zusammen und sperrte mich ein. Dann rief er meine Eltern an und log ihnen vor, dass ich krank wäre und nicht kommen könnte. Für meine Eltern gab es keinen Veranlassung zur Sorge, denn sie wussten ja nicht, was in unserem Haus vorging. Mein Mann trank und schlug mich und ich arbeitete und versuchte meine Probleme alleine zu lösen.

Mein Mann ging dann ab und zu der Schwarzarbeit nach, denn er hatte inzwischen seinen Führerschein durch

Alkohol verloren und musste seine Strafe zahlen. Bei der Schwarzarbeit lernte er einen Kerl kennen, der nebenberuflich bei der deutschen Vermögensberatung arbeitete. Der Typ lullte meinen Mann total ein und prahlte mit dem vielen Geld was man da verdienen könnte.In den nächsten Monaten kam dann dieser Typ von der DVB ständig zu uns ins Haus. Der Typ und mein Mann wälzten Ordner und diskutierten über Lebensversicherungen. Ich war an diesen Gesprächen nicht interessiert und so sah ich fern und lies die Männer alleine. Mein Mann erzählte mir dann, dass er vielleicht ebenfalls nebenberuflich bei der Vermögensberatung anfangen wollte. Alle unsere Versicherungen wurden gekündigt und neu bei der DVB abgeschlossen. Das brachte zwar keine Ersparnisse, aber mein Mann glaubte, dass er so bessere Chancen hätte in das Geschäft einzusteigen. Plötzlich hatten wir mehr Versicherungen als notwendig waren, der DVB Typ hatte uns geraten, die Lebensversicherungen, die wir hatten zu kündigen und neue bei der DVB abzuschließen und auch die Kinder hatten Lebensversicherungen. Ich ließ meinen Mann gewähren, denn wenn ich etwas gesagt hätte, dann hätte ich Prügel bekommen. Unser knapp bemessenes Geld floss zu einem großen Teil in die Versicherungspakete und die Fonds. Weiterhin hatte mein Mann einen guten Berater, was Krumme Geschäfte anging, denn der Typ von der DVB und mein Mann fingen an Schäden an Versicherungen zu melden und sie teilten sich das Geld. Mal war ein Videorekorder heruntergefallen, ein anderes Mal war ein Teppich verbrannt und so weiter. Ich hatte dazu nichts zu sagen, denn wenn ich mich einmischte, dann bekam ich eine Ohrfeige und die Antwort, dass ich auch von dem Geld profitieren würde.

In den darauf folgenden Wochen stellte ich fest, dass ich immer öfter sehr müde war und dass mir verschiedene Essen und Getränke nicht mehr schmeckten. Ich führte das auf meine Unzufriedenheit und meine Ängste zurück und gab nichts drauf. Ich nahm 30 Kg in 3 Monaten ab und ich stellte fest, dass mein Herz immer sehr schnell und laut schlug. Es machte mir zwar Angst, aber vor dem Sterben hatte ich keine Angst. Irgendwie hoffte ich, dass ich eines Tages nicht mehr aufwachen würde. Ich funktionierte nur noch wie ein Roboter. Arbeiten gehen, Kinder versorgen, Haus sauber machen, waschen, kochen, putzen und vor allem darauf achten, dass niemand mitbekam, was bei uns im Hause vorging. Automatisch zuckte ich bei jeder schnellen Bewegung, die jemand in meiner Nähe machte zusammen und nahm die Hände vors Gesicht. Ich entwickelte ein sehr sensibles Gehör, denn ich musste hören, was um mich herum vorging um so jederzeit auf Schläge gefasst zu sein. An zwei verschiedenen Anlässen hatte mich mein Mann bereits mit seiner Luftpistole verletzt und so musste ich auch hier immer auf der Hut sein, was ich sagte und wie ich es sagte. Inzwischen hatte mein Man sich auch eine weitere Waffe besorgt, für die er aber keine Munition hatte. Mir wurde langsam klar, dass ich einer ständigen Gefahr ausgesetzt war, doch ich konnte dieser Gefahr nicht entkommen. Ich hatte einerseits Angst und schämte mich mit jemandem darüber zu reden, aber auf der anderen Seite wäre ich gerne mit meinen Kindern aus dem Haus und vor meinem Mann geflohen.

Kapitel 4

Meine Freundin Kerstin stellte ebenfalls fest, dass etwas mit mir nicht stimmte und so rief sie eines Morgens ihren Chef in der Praxis an und bat ihn schnell zu kommen. Ein EKG brachte die erschreckende Diagnose. Herzinfarkt! Meine Kinder blieben zu hause und Kerstin blieb bei ihnen bis mein Mann kam. Mit Rettungswagen wurde ich am 13.05.1988 in die Klinik gebracht und mir wurden sofort zig Infussionen angelegt. Weitere Untersuchungen folgten und ich wurde mit Valium ruhig gestellt. Meinen Eltern wurde dann gesagt, dass mein Körper hochgradig mit Drogen vergiftet wäre. Die Klinik verlegte mich in ein anderes Krankenhaus, welches bessere Untersuchungen machen konnte und wo ich besser versorgt werden konnte. Nach vielen Untersuchungen stellten die Ärzte dann fest, dass ich eine massive Vergiftung im Körper hatte und dass ich über Wochen einen Medikamentencocktail zu mir genommen hatte. Ich wurde von Ärzten und von meiner Familie befragt, konnte aber keine Angaben machen, weil ich ja auch nichts genommen hatte. Ich hatte das Gefühl, dass mir keiner glaubte und dass alle dachten, ich hätte die Medikamente selbst genommen.

Mein Mann besuchte mich nicht, war telefonisch nicht zu erreichen und auch seine Mutter wusste angeblich nicht, wo er war. Meine Kinder waren mit meinem Mann verschwunden. Weder meine Eltern, noch meine Freunde, noch sonst irgendwer wusste wo sie waren. Ich war 3 Wochen in der Klinik und als ich entlassen wurde fuhren mich meine Eltern in mein Haus. Beim Betreten des Hauses wusste ich bereits, dass etwas nicht stimmte, denn alles war durchwühlt und alles was Wert hatte war weg. Meine Cartier Uhr, die ich von meiner Tante bekommen hatte, meine Granat-Ohrringe von meiner Oma, ein dreifach Ring von Cartier von meiner Tante und diverse andere hochwertige Schmuckstücke, die ich von meinen Eltern, Tanten und Omas bekommen hatte. Alle Sparbücher waren weg und alle Konten waren für mich gesperrt. Ich stand mittellos und kinderlos vor einem Scherbenhaufen.

Ich beschloss zu meinen Eltern zu ziehen und zunächst angleichende Sozialhilfe zu beantragen. Mein Haus wurde geräumt und verkauft. Beim Räumen meines Hauses fanden meine Eltern dann diverse Medikamente, die wie sich später durch einen befreundeten Arzt herausstellte, verschreibungspflichtig waren und mir offensichtlich heimlich verabreicht worden waren. Woher die Medikamente gekommen waren lies sich leider nicht herausfinden, da alle verräterischen Aufkleber entfernt worden waren. Es war auch nicht herauszufinden, wer die Arzneimittel für wen verschrieben hatte. Weiterhin fand sich ein Ordner mit Versicherungspolicen, den mein Mann ganz offensichtlich im Eifer seines Auszuges vergessen hatte. Der Versicherungsordner landete ganz unten in einer Kiste, wo er auch für lange Zeit blieb. Irgendwann habe ich den Ordner in die Hände genommen und mir angeschaut. Im Ordner befand sich eine Lebensversicherung, die mein Mann auf mich abgeschlossen hatte. Die LV sollte 3 Monate laufen und kostete 385 Mark pro Monat. Hinter der Police befanden sich alle Quittungen für die 3 Monate Versicherungsprämien. Nutznießer im Todesfall wäre mein Mann gewesen. Tragischerweise stellte sich raus,

dass der Zeitpunkt meiner beginnenden „Krankheit", die mich letztendlich in die Klinik brachte, mit dem Zeitpunkt des Versicherungsabschlusses deckte. Ich habe diese Beweise dann bei der Polizei vorgelegt, aber kein Polizist interessierte sich dafür und so wurde auch keine Anzeige aufgenommen, denn die Beweise waren nicht ausreichend. Für mich folgten Monate des Horrors, denn ich habe monatelang meine Kinder gesucht und um meine Kinder gekämpft. Nach Monaten sprach mir das Gericht das alleinige Sorgerecht für meine Kinder zu uns mein Mann musste die Kinder an mich herausgeben. Als ich meine Kinder dann endlich bekam, erwartete mich der nächste Schock, denn Patrick hatte ein riesiges Loch im Kopf und einen offenen, nicht ärztlich versorgten Schädelbruch. Mein Vater fuhr mich sofort zu einem befreundeten Arzt und dieser versorgte die Wunde sofort und stellte uns ein Attest aus, dass diese Verletzung schon älter war und nicht ärztlich versorgt worden war. Bei Befragungen erzählten Nicole und Patrick uns dann, dass ihr Papa beide Kinder auf der Ladefläche eines Transporters hatte und Patrick wohl beim Fahren in die hintere Tür gefallen sei. All das wurde auch beim Familiengericht eingereicht und das brachte die Richterin auch dazu, eine besondere Besuchsregelung einzurichten. Der Vater der Kinder durfte diese nur in Begleitung seiner Mutter sehen und sollte nicht alleine mit den Kindern bleiben. Mein Mann versuchte zwar die Richterin wegen Befangenheit abzulehnen, aber ohne Erfolg! Aus Rache versuchte er mir dann immer wieder neue Schwierigkeiten zu machen und er verbreitete Lügen wo er nur konnte.
Die nächsten Jahre gab es dann immer wieder Eskalationen, wenn der Kindsvater die Kinder besuchte,

aber er hatte das Besuchsrecht und so gab ich nach und händigte ihm die Kinder aus. Am 28.August 1988 kam dann der Tag, der für mich der schlimmste meines Lebens war. Mein Mann hatte die Kinder und erzählte mir ganz stolz, dass er Karten für Rammstein für die Flugschau hätte und mit den Kindern dort hinfahren würde. Es war abgesprochen, dass die Kinder am 29. August um 10 Uhr zurück sein sollten. Ich war an diesem Tag mit Freunden verabredet und wir grillten. Plötzlich kam im Radio die Meldung, dass in Rammstein ein Unglück passiert wäre und dass es viele Tote und Schwerverletzte gegeben hatte. Ich schaltete den Fernseher ein und sah, was dort passiert war. Im Fernsehen war eine Telefonnummer eingeblendet, wo man nähere Info bekommen konnte. Ich rief die Nummer an, doch dort konnte man mir nichts sagen. Ich geriet in Panik und wusste nicht, was ich tun sollte. Ich rief die Eltern meines Mannes an, doch dort legte man auf, als ich mich meldete. Die Polizei konnte mir auch nicht helfen und ich war der Verzweiflung nahe. Ich habe weder geschlafen, noch eine ruhige Minute gehabt. Am 29. August kamen meine Kinder dann auch nicht wie verabredet zurück und in Kaiserslautern und Rammstein konnte man immer noch keine Angaben zu den Opfern machen. In meiner Not wandte ich mich ans Amtsgericht, ans Jugendamt und an die Anwältin meines Mannes, doch auch hier bekam ich keine Auskunft. Am 31.August stand dann mein Mann grinsend vor der Tür und brachte die Kinder zurück. Auf meine Frage, was er sich gedacht hatte meinte er nur: „ Ich wollte die Kinder einfach mal länger behalten!" Ich hätte ihn umbringen können. Ich versuchte beim Amtsgericht zu erwirken, dass er die Kinder nichtmehr bekommt, oder nur noch stundenweise, aber mein Antrag wurde abgelehnt. Wochen und Monate lief es einigermaßen normal, bis eines Tages Patrick und Nicole total verstört von einem Besuch bei ihrem Vater zurück kamen.Beide Kinder berichteten, dass sie alleine mit ihrem Vater waren und dieser ihnen ganz hässliche Filme mit nackten Leuten gezeigt hätte. Sofort vereinbarte ich einen Termin mit dem Jugendamt und dort befasste sich ein Psychologe mit den Kindern und kam zu dem Schuss, dass wohl etwas wahres an den Aussagen der Kinder sein müsste, denn die Kinder wüssten ganz genau was sie gesehen haben. Bei der Untersuchung durch den Psychologen durfte ich nicht dabei sein, weil man eine Beeinflussung durch mich vermeiden wollte um ein objektives Urteil zu bekommen. Das Urteil des Jugendamtes ging ans Gericht und erneut wurde ein beaufsichtigtes Besuchsrecht eingeräumt.

Ich händigte von diesem Zeitpunkt die Kinder nur noch an meine Schwiegermutter aus, doch später erfuhr ich dann, dass sie die Kinder sofort an meinen Mann übergab, der dann alleine die Kinder hatte.

Einige Zeit später hatte er dann die Kinder für eine ganze Woche und Patrick verletzte sich bei seinem Vater. Anstatt das Kind zu einem Arzt gebracht hat, klebte er die Wunde am Handgelenk mit einem Pflaster zu. Einige Tage später klagte Patrick über Schmerzen im Arm. Ich brachte Patrick zum Arzt und dieser überwies ihn sofort per Notarztwagen in die Kinderklinik. In der Kinderklinik angekommen schnappte sich der diensthabende Arzt sofort das Kind und mir wurden Zettel zum unterschreiben vorgelegt. Binnen 10 Minuten war Patrick im OP und ihm wurde in einer zweistündigen OP der Lymphknoten unter dem linken Arm entfernt und eine Drainage für den angestauten Eiter gelegt. Der Chirurg teilte mir dann mit, dass es nur Minuten waren, die Patrick vom Tod getrennt haben. Wäre ich nur 10 Minuten später zum Arzt gegangen wäre mein Sohn tot. Sein Vater hat ihn übrigens nicht in der Klinik besucht, oder sich nach seinem Zustand erkundigt. Patrick war eine Woche in der Klinik und erholte sich gut von der OP. Eine Woche nach Patricks Entlassung aus der Klinik wollte mein Mann die Kinder abholen. Als er vor der Tür stand, wollte ich ihn zur Rede stellen, warum er nicht zum Arzt gegangen war und warum das Kind erst beinahe sterben musste. Seine Antwort war: „ Wenn er verreckt wäre, dann müsste ich nur für ein Kind Unterhalt zahlen!" Das mag jetzt vielleicht so klingen, als hätte er Unterhalt gezahlt, aber dem war nicht so, denn allen Unterhalt für die Kinder zahlte das Jugendamt über die Unterhaltsvorschusskasse, weil mein Mann ja nicht arbeitete.

An einem weiteren Besuchswochenende wollten die Kinder nicht zu ihm und weinten, als er sie mitnehmen wollte. Er riss die Kinder an sich und warf sie förmlich in sein Auto und raste davon. Als er die Kinder wieder brachte waren sie total verstört und erzählten mir, dass sie mit ansehen mussten, wie die Lebensgefährtin meines Mannes meinen Mann mit einer Bratpfanne verprügelte. Innerlich habe ich mich gefreut, dass er endlich mal selbst in der Situation war, wo er eins auf die Schnauze bekommt, aber es war auch ein beschissenes Gefühl, zu wissen, dass die Kinder das mit ansehen mussten.

Nicole wurde dann eingeschult. Ihr Vater wusste genau, wann und wo die Einschulung stattfand, aber er hatte kein Interesse. Obwohl er zu dieser Zeit immer noch keine Arbeit hatte war er nicht da und nahm nicht Teil an

Nicoles großem Tag. Wir feierten den Tag mit meiner Oma, meinem Opa, meinem Onkel und meinen Eltern. Es gab Kaffee und Kuchen und viele kleine Geschenke für Nicole zur Einschulung. Als Nicole mit einem Nabelbruch in die Klinik musste, da war er auch nicht da und er hatte auch nicht die Zeit und Lust ihr wenigstens eine Genesungskarte zu schreiben.

Auch als Patrick eingeschult wurde war er nicht da und zeigte kein Interesse. Patricks Einschulung wurde genau so gefeiert wie bei Nicole und es gab Geschenke. Zu keinem Geburtstag gab es einen Anruf, oder eine Karte, zu keinem Weihnachts-, oder Osterfest gab es eine Karte oder einen Anruf, geschweige denn ein Päckchen. Wie schon bemerkt, zahlte er auch keinen Unterhalt, weil er inzwischen auch wieder mit einer Frau zusammenlebte, die selbst 3 Kinder hatte. Eines ihrer Kinder ist zwar auf dem Papier von ihrem geschiedenen Mann, aber mein Mann hat mir damals gesagt, dass Markus sein Sohn ist und der ihm näher stünde, als Patrick oder Nicole und er für ihn sorgen müsste.

Gerichte, Jugendamt und Anwälte waren im Dauerstress um Unterhalt für die Kinder und mich zu erwirken, aber mein Mann wand sich wie ein Aal. Mal war es ein zu geringer Lohn, den ihm seine Chefin, mit der er nebenher ein Verhältnis hatte, bescheinigte. Mal war es ein angeblicher Bandscheibenvorfall, der ihn am arbeiten hinderte. Mal war es eine angebliche Kontenpfändung. Die Ausreden wurden immer schlechter und Geld kam nicht. Ganz schlimm wurde es, als das Jugendamt die Zahlungen einstellte, weil mit Vollendung des 7. Lebensjahres die Unterhaltsvorschusskasse keine Zahlungen mehr übernimmt. Mit Einstellung dieser

Zahlung trudelten dann auch noch diverse Rechnungen bei mir ein, die aus Käufen und Bestellungen resultierten, als mein Mann zwar schon von mir getrennt war, aber die Scheidung noch nicht eingereicht war. Des weiteren kam nun auch noch die Bank und wollte von mir einen Kredit, den wir gemeinsam aufgenommen hatten und für den meine Eltern gebürgt hatten. Weiterhin wollte die Bank, dass ich eine Kontenüberziehung ausglich, die mein Mann getätigt hat, nachdem er das Konto für mich hatte sperren lassen. Alles in allem hatte ich binnen kurzer Zeit Rechnungen in Höhe von 37000 D-Mark auf dem Tisch. Ich hatte keinen blassen Schimmer, wie ich diese Summe bewältigen sollte. Mein Lohn lag bei circa 300 D-Mark und davon mussten wir leben. Ich nahm alle Rechnungen und brachte sie zu meiner Anwältin. Nach gründlicher Durchsicht konnte sie mir aber dann auch nur sagen, dass mir wohl offenbar keine andere Wahl blieb, als zu zahlen. Meine Eltern tilgten den Kredit und die Kontenüberziehung und ich hatte die bis dahin 7000 Mark zu zahlen. Woche für Woche legte ich mir das Geld von einer Fußpflege zurück und am Ende des Monats überwies ich die Summe an die Gläubiger. Leider hatte ich nicht bedacht, dass noch mehr Schulden aus der Ehe auf mich zukommen könnten, was mich dann wie ein Schlag ins Gesicht traf, denn zum guten Schluss habe ich alle Schulden die in und nach der Ehe entstanden waren alleine abgetragen. 22000 D-Mark! Mein Mann hat keinen Pfennig gezahlt und war fein raus. Mein Opa hat mir in dieser Zeit immer mal wieder ein paar hundert Mark zugesteckt, die eigentlich für die Kinder und mich gewesen wären, aber die dann letztendlich immer in die Schuldentilgung flossen. Alles in Allem habe ich die

Summe von 4500 Mark von meinem Opa bekommen und meinem Opa nie verraten, dass all das Geld in die Schulden geflossen ist. Auch meine Eltern haben mir den ein-, oder anderen Schein zugesteckt und auch sie wissen bis heute nicht, dass diese Geld in die Schulden geflossen ist. Als meine Oma väterlicherseits dann 92 starb steckte mir mein Vater 500 DM zu, damit ich mir für die Beerdigung was zum anziehen kaufen konnte, doch auch von diesen 500 DM flossen 450 DM in die Schulden aus der Ehe.

Kapitel 5

Die Wahrheit kennen nur ganz wenige Menschen, denn ich habe mich immer geschämt und lieber versucht alles alleine zu regeln. Ich bin sehr froh, das Anwälte unter Schweigepflicht stehen, denn wenn meine Anwältin zu irgendeinem Zeitpunkt meinen Eltern gesagt hätte, was sie wusste, dann wäre mein Vater heute im Knast wegen Mordes. Kein Mensch, außer meine Anwältin weiß von den 28 Vergewaltigungen, die mein Exmann mir in den 4 Jahren nach der Trennung angetan hat. Meine Anwältin riet mir zur Anzeige, aber ich habe mich geschämt und habe geschwiegen. Kein Mensch, außer meiner Anwältin weiß, was in der Nacht passiert ist, als mein Mann in meine Wohnung in Wahlschied eingedrungen ist und mich mit einer Pistole bedroht hat. Ich habe damals die Polizei informiert, dass mein Exmann mich mit einer Pistole bedroht hat, aber der diensthabende Beamte lachte nur und tat es als „Jungenstreich" ab. Der Polizist gab mir eine Mitschuld an dem Vorfall, weil die Haustür nicht abgeschlossen war und meine Wohnung nicht über ein Sicherheitsschloss verfügte. Ich weiß, dass er zu dieser Zeit eine scharfe Waffe hatte und sie vielleicht noch heute besitzt. Ich weiß, was er in dieser Nacht gesagt hat und was er mir in dieser Nacht angetan hat und dennoch schweige ich immer noch, obwohl ich auch heute noch sehr oft schweißgebadet aufwache. Damals schwieg ich aus Angst und Scham, dann schwieg ich zum Schutze meiner Kinder und bis zu diesem Buch schwieg ich, weil ich vergessen wollte.
Ich werde nie alles vergessen können, denn eine Sache wollte ich bis ins Grab mitnehmen. Ich werde hier nicht

explizit und im Detail auf die Sache eingehen, aber ich möchte allen, die dies lesen und die mich kennen eine Aufgabe stellen. Warum hat mein Exmann weder die Vaterschaft angezweifelt, noch einen Gentest gemacht, als Stefan im Juni 1989 geboren wurde und rechtlich als sein Sohn eingetragen wurde? Hätte er den Gentest gemacht, dann hätte ich einen schriftlichen und belegbaren Beweis für einen Vorfall im Hause meiner Eltern gehabt. Auch ohne Gentest habe ich irgendwie den Beweis, aber ich habe nichts in der Hand! Jeder weiß von Stefan, aber keiner kennt die Wahrheit wie sie wirklich ist. Ich muss mit der Lüge leben und damit, dass ich meinen Sohn nicht abgetrieben habe, sondern zur Adoption frei gegeben habe. Alle, die denken, die Wahrheit zu kennen, kennen nur die Wahrheit, die ich als die offizielle Version kreiert habe, aber nicht die wahre Wahrheit. Wenn die Wahrheit, die alle kennen, die wahre Wahrheit wäre, dann wäre Stefan nie zur Adoption freigegeben worden. Die Mutter meines Exmannes hat mir nach der Geburt von Stefan mal gesagt, dass ich eine Schlampe wäre, weil ich ja ein Kind ohne Vater hätte. Sie wollte mich damit verletzen und weil ich damals psychisch und physisch nicht gefestigt genug war habe ich total falsch reagiert und mich auf das gleiche niedrige Level wie sie herunter gelassen und sie einfach nur beschimpft. Dennoch habe ich richtig reagiert und habe zum Wesentlichen den Mund gehalten. Bei diversen Telefonanrufen hat mir mein dann Exmann immer wieder gedroht, dass er mein Leben zerstören wird und dass ihm jedes Mittel recht wäre um sein Ziel zu erreichen. Einmal drohte er, dass er sich an einem Besuchswochenende mit den Kindern absetzen würde, ein anderes Mal drohte er telefonisch, dass er den Kindern etwas antun würde. Die

Polizei nahm mich inzwischen schon nichtmehr für voll, denn beinahe wöchentlich erstattete ich Anzeige gegen meinen Exmann. Angst, Hass und Wut waren meine ständigen Begleiter und ich hatte es aufgegeben, mich irgendjemandem anzuvertrauen, denn ich hatte das Gefühl, dass es niemanden wirklich interessierte. Ich suchte nach Lösungen, wie ich meine Kinder und mich schützen kann, aber mir waren die Hände gebunden. Ich schrieb mir jedes Mal die Autonummer und das Auto auf, mit dem er die Kinder abholte, um im Notfall alles griffbereit zu haben und so präzise wie möglich eine Beschreibung abgeben zu können.

Mir kam dann die Idee, mit den Kindern und einer Freundin in ein Haus nach Bubach umzuziehen, denn hier war sichergestellt, dass ich nie alleine im Haus war und mein Exmann mir nie mehr zu nahe kommen konnte. Leider was das auch nur ein Teilerfolg, denn mein Exmann erwirkte bei Gericht, dass ich ihm die Kinder bis nach Holz bringen musste. Von da an konnte er mir zwar körperlich nicht mehr zu nahe kommen, aber seine Attacken hörten nicht auf. Mehrfach war an meinem Motorrad manipuliert worden und teilweise hätte man dies als Mordversuch auslegen können. Immer, wenn an meinem Motorrad ein Defekt war bekam ich ein paar Tage später einen Anruf von meinem Exmann und er lachte mich hämisch aus. Er wusste seltsamerweise auch immer, was an meinem Motorrad defekt war, obwohl er selbst nicht die geringste Ahnung von Motorrädern hatte. Bremsleitungen waren angeschnitten, Benzinschläuche waren angeritzt und der Sprit tropfte auf die Auspuffkrümmer, Bremsscheiben waren mit Schmierfett bestrichen, u.s.w.. Vor jeder Fahrt mit meinem Motorrad musste ich eine große Inspektion vornehmen um mich nicht einer unnötigen Gefahr auszusetzen. Wenn ich auf der Autobahn unterwegs war musste ich den Rückspiegel immer im Auge behalten, denn es kam auch vor, dass er mich jagte und versuchte mich von der Straße zu drängen. An einem Sonntag hatte er Nicole und Patrick im Auto und fuhr hinter mir her. Immer wieder fuhr er sehr dicht auf und wenn ich ihm Platz machte zum Überholen drängte er mich ab. Als ich die Polizei von dem Vorfall in Kenntnis setzte tat man es als „Verfolgungswahn" ab, weil ja kein Mensch so etwas machen würde. Von der Justiz wurde ich im Stich gelassen und dies ging sogar so weit, dass Polizisten mich zwar anhörten, aber letztendlich keine Anzeige schrieben, weil ich ja keine „Beweise" hatte. Meine Blutergüsse interessierten sie nicht, denn es war ja kein Beweis dafür, dass er mir dies angetan hatte. Warum hätte ich Vergewaltigungen zur Anzeige bringen sollen, wo doch ganz offensichtliche Blutergüsse nicht als ausreichende Beweise stand hielten? Mich erneut der Scham aussetzen und einem wildfremden Menschen, der zwar eine Uniform trug, aber das Feingefühl eines Vorschlaghammers hatte, mein Seelenleben ausbreiten? Nein Danke! Die Polizei hat mich für weniger im Stich gelassen, also beschloss ich auch mit diesen Problemen alleine klar zu kommen.

Kapitel 6

Am 8. September 1994 hat sich dann mein Leben
gravierend verändert. Ich hatte einen schrecklichen Tag
und mein Exmann hatte mich wieder am Telefon genervt
und beschimpft. Am Abend wollte ich dann einfach nur
weg und so bat ich meine Freundin, als Babysitter zu
fungieren und auf meine Zwerge aufzupassen. Ich zog
mich an, setzte mich auf mein Motorrad und fuhr nach
Dillingen. Auf dem Weg dachte ich, dass wenn ich einen
Unfall hätte und sterben würde, all meine Sorgen vorbei
wären. Während ich fuhr spann ich den Gedanken weiter
und überlegte mir, wie schnell es denn gehen würde, wenn
ich mit meinem schweren Motorrad (1100cc und 147 PS)
in eine Mauer fahren würde. Auf dem ganzen Weg nach
Dillingen hielt ich Ausschau nach Mauern und Kurven,
die sich für ein solches Vorhaben eignen würden. Kurz vor
Dillingen war zu dieser zeit eine Baustelle und beinahe
hätte ich in dieser Baustelle einen Unfall gehabt, weil ich
zu sehr in meine Gedanken vertieft und nicht genügend
konzentriert war. Im letzten Moment konnte ich meine
Maschine abfangen und fragte mich dann aber gleich
danach, warum ich sie abgefangen hatte.
Ich fuhr mit zittrigen Knien in meine Stammkneipe und
setzte mich an den Tresen. Der Wirt brachte mir
unaufgefordert einen Kaffee, denn er wusste, dass ich
nicht trinke, wenn ich mit dem Motorrad unterwegs war.
Stumm saß ich an der Theke und schaute mich um.
Normalerweise war in dieser Kneipe kaum ein Platz zu
bekommen, aber an diesem Abend waren nur der Wirt, ein
rothaariger Jesus und ich in der Kneipe. Meine schlechte
Laune und die leere Kneipe passten hervorragend

zusammen, bis gegen 22:30 Uhr die Tür aufging und ein Kerl sich direkt neben mich an die Theke setzte. Er musterte mich und ich musterte ihn zurück. Binnen kurzer Zeit hatte er mich angesprochen und wir unterhielten uns. Ich bemerkte sofort, dass dieser Mann nicht aus unserer Gegend war, aber noch schlimmer war, dass er aus der Pfalz zu kommen schien. Saarländer und Pfälzer zusammen, das geht nicht, denn die Saarländer denken, dass die Pfälzer keine Ahnung haben und die Pfälzer wissen, dass die Saarländer recht haben. Es stellte sich heraus, dass sein Name Michael war und dass er kein Pfälzer, sondern ein Badener war. Er kam aus Mannheim und war auf Montage in Dillingen. Wir unterhielten uns fast die ganze Nacht und als die Kneipe schloss, redeten wir auf der Straße weiter bis in die frühen Morgenstunden. Michael bot mir an, in seinem Hotel zu übernachten, aber ich lehnte ab und fuhr zurück in meine eigenen 4 Wände. Michael hatte meine Telefonnummer und wir hatten uns für den nächsten Nachmittag zum Kaffee bei mir verabredet. Ich glaubte eigentlich nicht daran, dass er kommen würde, aber er kam und er blieb. Am 1. Oktober zogen wir zusammen und am 11. und 12 November sollte unsere Hochzeit stattfinden.

Mein Exmann hatte weiterhin das Besuchsrecht, aber er hat seine Kinder nur noch ein mal abgeholt und das war am 5.11.1994. Am 6.11.1994 habe ich die Kinder dann wieder in Empfang genommen und ihn seit dem Tag nicht mehr gesehen. Er hat sich weder zu Geburtstagen der Kinder, noch zu Weihnachten, oder zu Ostern gemeldet. Er war nicht mal in der Lage, seinen Kindern eine Geburtstagskarte zu schicken. Unterhalt für die Kinder zahlte er auch immer noch nicht. Mit dem Wissen, dass er mir von da an nichts mehr tun konnte und dem Wissen, dass ein anderes Familiengericht zuständig wurde hat er sich dann zurückgezogen und den Schwanz eingezogen. Er wusste, dass er keine Chance hatte, mich weiterhin in den Dreck zu treten, oder die Kinder als Waffe zu benutzen.

Michael und ich heirateten am 11. 11. 94 um 11:11 Uhr standesamtlich und am 12.11. um 15 Uhr kirchlich. Unsere Hochzeit war zwar nicht pompös, aber schön. Wir feierten bis in die späte Nacht und es wurde viel getrunken und gelacht. Auf dem Weg vom Lokal in unsere Wohnung haben wir dann noch die Weinflaschen, die meine Schwiegereltern und einige andere Gäste mitgenommen hatten geleert. Ein Freund meines Mannes lief ebenfalls mit uns zurück, weil er bei meinen Schwiegereltern übernachten wollte. Dieser Freund baggerte mich auf dem Heimweg an und sagte mir laufend, dass ich mich scheiden lassen soll und ihn heiraten. Alles war nur Spaß, aber ich hatte auch schon einen im Tee und so rannte ich die letzten 100 m und habe mich in meinem Bett versteckt. Michael kam ein paar Minuten nach mir und wollte sich im Bett an mich kuscheln. In meinem Kopf ging aber alles rund und so war ich im Glauben, dass mir der Freund meines Mannes gefolgt wäre und ich wehrte mich mit Händen und Füßen gegen die Umarmung. Michael erzählt noch heute jedem, dass er in der Hochzeitsnacht verprügelt wurde.

Michael hat die Kinder versorgt, eingekleidet und ihnen ein Zimmer in unserer Wohnung eingerichtet. Für die Kinder kam das alles sehr überstürzt und sie hatten keine Zeit sich an die neue Situation zu gewöhnen, denn es kam alles auf einmal. Mama hat einen neuen Mann, wir ziehen um und Mama heiratet. Für die Kinder war es eine Situation, in der sie das Gefühl hatten, dass der neue Mann ihnen die Mama weg nimmt. Aus dieser Situation heraus entstanden Spannungen, mit denen keiner von uns umgehen konnte. Nicole und Patrick waren stur und wollten Mama wieder alleine haben und Michael (mein Mann) war nicht feinfühlig genug um die Situation zu erkennen und angemessen damit umzugehen. Michael versuchte immer wieder den Kindern eine Brücke zu bauen, aber die Kinder rissen dies Brücke bewusst, oder unbewusst immer wieder ein. Vielleicht hätte ich die Kinder damals einweihen sollen und ihnen die ganze Wahrheit und auch von meiner Angst berichten sollen, aber ich hielt sie damals noch für zu klein um damit klar zu kommen.

Auch ich habe die Situation falsch eingeschätzt, denn ich saß zwischen den Stühlen. Patrick hatte Streit mit einem Nachbarsjungen und es eskalierte. Der Junge brach Patrick die Finger und Patrick erzählte nichts. Als wir am Abend zusammen beim Essen saßen, sah Michael, dass Patricks Finger total grün und blau waren. Patrick schilderte uns, was passiert war und wir fuhren mit ihm in die Klinik. Am nächsten Tag schnappte sich Michael den Nachbarsjungen und drohte ihm massiv, dass wenn er Patrick nicht in Frieden lassen würde, er es mit ihm zu tun bekäme. Von diesem Tag an ging Patrick mit stolzgeschwellter Brust zur Schule, denn er wusste, dass Michael ihn beschützte. Leider hatte das auch einen ganz gravierenden Nachteil für Patrick, denn von diesem Tag an konnte er seine freche Klappe auch nicht mehr unter Kontrolle halten und brachte sich immer in neue Schwierigkeiten und wir holten ihn immer aus diesen Schwierigkeiten heraus, denn für uns waren immer die Anderen schuld und Patrick war der Engel. Nicole, als ältere Schwester hingegen schien unauffällig und wir bemerkten nicht, was in ihr brodelte. Die Probleme mit ihr fingen an, als sie anfing Intrigen gegen Patrick zu spinnen. War das Zimmer unordentlich, dann war es Patrick. War etwas mutwillig zerstört worden, so war es Patrick. Immer beschuldigte sie Patrick und sie begann ihn zu hassen, ohne dass ihr dies selbst bewusst war.

Dann wurde Victoria mit 2 Wochen Verspätung geboren. Am 01.01.1996 sind wir wie jeden Tag seit heilig Abend in die Klinik gefahren um zu sehen, wie lange es noch dauern würde und ob mit dem Baby alles ok war. Das CTG zeigte wie üblich keinerlei Kontraktionen und dem Baby schien es gut zu gehen. Ich wollte mich gerade wieder anziehen, als eine ältere Hebamme herein kam und unbedingt noch den Muttermund untersuchen wollte. Ich versuchte dieser Hebamme zu erklären, dass ich keinerlei Wehen hätte und dass diese Untersuchung nicht notwendig wäre, aber sie bestand darauf. Da ich mir sicher war, dass sie mich dann heim schicken würde ließ ich sie gewähren. Die Hebamme untersuchte und meinte, dass ich dieses Krankenhaus jetzt nicht verlassen würde, sondern erst, nachdem mein Kind geboren wäre. Ich lachte und fragte, warum ich jetzt in der Klinik bleiben sollte, wo doch noch nichts zu spüren war und ich keinerlei Wehen hatte. Die Hebamme schaute Michael an und meinte nur, dass er binnen der nächsten 15 Minuten Vater wäre und dass er mir helfen sollte, mich umzuziehen. Als die Hebamme den Raum verlassen hatte sagte ich nur zu Michael, dass die Dame nicht ganz richtig im Kopf wäre und ich heim wollte. Mein Mann sagte mir dann aber ganz eiskalt, dass er das Krankenhaus nicht ohne sein Baby im Arm verlassen würde. Ich ergab mich und zog mich um. Binnen 7 Minuten war ich im Kreißsaal und lag auf dem Entbindungsbett, ohne zu wissen, was ich hier sollte, denn Wehen hatte ich nicht und auch sonst hatte ich das Gefühl, als könnte ich Bäume ausreißen. Die Hebamme saß unten am Bett und bat mich, ich solle doch bitte pressen. Ich schaute sie dumm an und fragte, wie ich denn pressen sollte, wo ich doch keinen Drang zum Pressen verspürte. Sie wiederholte nur, ich solle pressen. OK, dachte ich und versuchte zu pressen. Die Hebamme forderte Michael auf, mir den Kopf auf die Brust zu drücken und mir sagte sie, dass ich nochmal pressen sollte. Ich tat genau das, was mir befohlen war und presste. Als ich den nächsten Atemzug machte lag ein neugeborenes Kind auf dem unteren Ende der Entbindungsliege und ich wusste nicht, Wie mir geschah. Von der Untersuchung des Muttermundes bis zur Geburt von Victoria waren genau 11 Minuten vergangen und ich hatte keine Wehe und keinen Schmerz. Da die Geburt so problemlos verlaufen war durfte ich auch nach knapp 2 Stunden mit dem Baby nach hause.

Victoria war von Anfang an Nicoles Baby. Nicole konzentrierte sich so sehr auf Victoria, dass sie Patrick zu ignorieren schien. Patricks Eifersucht hingegen wuchs und er fing an alles mögliche zu tun um wieder mehr Aufmerksamkeit zu bekommen. Michael bemerkte die Probleme und kam eines Abends mit zwei nagelneuen Mountainbikes an. Eines war für Nicole und eines für Patrick. Um den Kindern etwas mehr Aufmerksamkeit zu geben und mehr mit ihnen zu unternehmen beschloss er, dass er am Samstag eine Radtour mit den Beiden machen wollte. Die Kids waren Feuer und Flamme und am besagten Samstag sind die drei dann zum Eisessen nach Speyer gefahren. Alles verlief friedlich, bis Nicole plötzlich mal wieder das Gefühl hatte, sie wäre das fünfte Rad am Wagen. Sie fing an zu zicken und wollte nicht mehr fahren und sie bockte so sehr und schaltete die Gänge an ihrem Fahrrad trotzig von oben nach unten, bis ihr schließlich die Kette absprang. Michael zog die Kette wieder auf, doch Nicoles gezicke ging weiter. Sie versaute Patrick und Michael den Tag. Als die Drei zurück kamen berichteten mir Patrick und Michael von den Zickereien von Nicole, aber ich tat das als „Geschlechterkampf" ab. Michael und Patrick wurden ein Team und Nicoles Eifersucht brodelte. Ihre Eifersucht brodelte so stark, dass sie einen gemeinen Plan ausheckte. Sie machte diverse Kleinigkeiten an Patricks Fahrrad kaputt und erzählte uns, dass Patrick sein Fahrrad zerstört hätte. Michael war sauer. Patrick beteuerte zwar seine Unschuld, aber Michael und ich glaubten Nicole. Das hatte zu Folge, dass Patrick Ärger bekam und Nicole wieder die Aufmerksamkeit auf sich gelenkt hatte. Michael reparierte das Fahrrad und Patrick und er kamen sich wieder näher. Nicole wollte dies verhindern und startete den Gleichen Angriff erneut. Patricks Fahrrad war ziel der Attacke und gleichzeitig Waffe geworden. Wieder kam sie und schwärzte ihn an und wieder bekam Patrick Ärger. Mir kam das alles spanisch vor und ich habe es nicht begriffen und Nicole nutzte dies gnadenlos aus. Sie nutzte die gespannte Stimmung um Patrick zu manipulieren und das klappte auch hervorragend, denn Patrick hatte nun wieder die Aufmerksamkeit seiner Schwester. Nicole schmiedete Pläne und Patrick führte aus, was letztendlich dazu führte, dass Patrick sich immer tiefer in Schwierigkeiten brachte und das Verhältnis zwischen ihm und Michael immer schlechter wurde.

An einem Samstag im Juli hatten wir dann Besuch von einem Freund aus Bonn. Dieser Freund kannte Nicole und Patrick schon seit vielen Jahren. Gemeinsam mit dem Freund wollten wir auf ein Fest gehen, aber Nicole hatte erneut einen Intrige gesponnen und Patrick benutzt. Weder Michael, noch ich haben die Sache durchschaut, aber unser Freund aus Bonn hatte mitbekommen was gelaufen war und er erzählte es uns. Wir schnappten uns Nicole und befragten sie, doch alles was Sie zu sagen hatte, war dass Patrick schuld war. Sie log, dass sich die Balken bogen und versuchte Patrick immer tiefer in den Schlamassel zu reiten. Das Ende vom Lied war, dass sie den Hintern voll bekam, weil sie gelogen hatte und versucht hatte ihren Bruder in Schwierigkeiten zu bringen und auch nach der Überführung ihrer Lüge immer noch darauf bestand, dass sie im Recht wäre. Patrick und Michael näherten sich wieder an und Michael entfernte sich mehr und mehr von Nicole, weil er mit ihren Intrigen nicht umgehen konnte. Er war immer noch für sie da, aber es war eine Art Zweckgemeinschaft in der man sich akzeptiert, aber mehr auch nicht. Ich hatte weder Augen, noch Ohren dafür, denn ich war wieder schwanger und hatte zusätzlich noch Victoria um die ich mich kümmern musste. Es war ein ständiges Auf und Ab und es gab wie in jeder Familie gute Zeiten und schlechte Zeiten. Während der Schwangerschaft gab es immer wieder Probleme, denn das CTG zeigtet immer wieder Auffälligkeiten und meine Blutwerte waren auch nicht besonders gut. Im 5. Monat bekam ich starke Schmerzen in der Rippengegend, die mich durch den Rest der Schwangerschaft begleiteten. Am

30.04. wurde ein Belastungs- CTG gemacht, um festzustellen, wie es dem Baby geht. Am 15.05. war es dann endlich so weit und die Geburt wurde mit einem Prostaglandingel eingeleitet. Als sich gegen 13 Uhr noch nichts getan hatte habe ich meinen Mann dann überredet, nochmal kurz heim zu fahren um zu sehen, wie es den Kindern geht. Michael wollte zuerst nicht, aber als die Hebamme dann sagte, dass wir im Park des Krankenhauses spazieren gehen dürfen, stimmte Michael zu. Wir fuhren die 12 km und ich hatte die Spontanidee noch schnell Spaghetti Bolognese zu kochen. Meine Schwiegermutter war zwar im Haus, aber meine Kinder liebten Spaghetti Bolognese und so nahm ich meiner Schwiegermutter diese Arbeit ab und kochte noch schnell. Wir aßen zusammen und bei der letzten Gabel voll Spaghetti spürte ich starke Wehen einsetzen. Für Michael war das eine tolle Sache, denn jetzt konnte er seine Fähigkeiten als Formel 1 Pilot unter Beweis stellen. Binnen weniger Minuten waren wir in der Klinik und ich lag auf der Entbindungsliege. Eine Stunde später war Franzisca geboren und aus der Nabelschnur ausgewickelt. Insgesamt 3 mal hatte sich die Nabelschnur um ihren Hals und Körper gewickelt.

Als Franzisca geboren war ging es dann für Michael und mich zunächst rasant bergab, denn Ärzte hatten uns gesagt, dass Franzisca kaum Überlebenschancen hätte. Man wollte ihren scheinbar verkrüppelten Fuß operieren und ihr Herz schien auch nicht in Ordnung zu sein. Wir entschlossen uns gegen Operationen und nahmen das Kind auf eigene Verantwortung mit nach hause. Am Tag nach ihrer Geburt sagte uns dann ein idiotischer Kinderarzt, dass sie taub und blind sein würde. Wir wechselten den

Arzt und ein befreundeter Arzt empfahl uns einen Kinderarzt, der dann letztendlich nach vielen Untersuchungen Entwarnung gab. Da Franzisca unser Sorgenkind war gerieten Nicole und Patrick als die „Großen" in den Hintergrund. Uns war das nicht klar, denn es steckte ja keine böse Absicht dahinter. Um sich wieder in Erinnerung zu bringen heckte Nicole neue Intrigen aus und Patrick mimte den Clown. Nicoles Intrigen prallten an uns ab wie Wasser an einem gewachsten Auto, aber Patricks Clownereien brachten ihn an einem Juliabend ins Krankenhaus.

Ich machte Franzisca gerade bettfertig und Patrick saß neben mir auf einem Stuhl. Er hatte ein T-Shirt an und hatte die Beine angewinkelt auf dem Stuhl und beide Arme aus den Ärmeln des T-Shirts um die Beine geschlungen. Dann fing Patrick an, auf dem Stuhl vor und zurück zu schaukeln. Ich sagte ihm mindestens 10 mal, er soll das lassen und sich ordentlich auf den Stuhl setzen, aber er hörte nicht. Im nächsten Moment sah ich nur, wie Patrick nach hinten mit dem Stuhl umfiel und auf den Hinterkopf fiel. Er weinte und ich legte schnell Franzisca ins Bett und kühlte die Beule im Bad. Als sich Patrick beruhigt hatte ging er ins Bett. Etwa eine Stunde später kam Patrick aus dem Zimmer und war kalkweiß. Er kam ins Wohnzimmer, schaute mich an und übergab sich. Ich sprang von der Couch auf und wollte ihn auf die Couch legen, da fragte er mich, wer ich sei und wo er wäre. Mir war klar, dass das eine schwere Gehirnerschütterung war und so rief ich sofort den Krankenwagen an. Dann rief ich Michael an, der auf Nachtschicht in Bruchsal war und bat ihn sofort zu kommen. Michael raste heim und packte Franzisca und mich ins Auto und wir rasten in die Klinik

nach Schwetzingen. Meine Schwiegermutter passte auf
Vicky und Nicole auf. In Schwetzingen sagte man uns,
dass Patrick nach Mannheim in die Kinderklinik müsste,
weil er eine schwere Gehirnerschütterung habe und mit
EEG überwacht werden muss. Michael fuhr mit Franzisca
in unserem Auto nach Mannheim und ich fuhr mit Patrick
im Krankenwagen.

Nicole erfuhr erst am nächsten Morgen dass ihr Bruder in
der Klinik war, aber es schien sie nicht sonderlich zu
stören, denn sie meinte nur, dass er selbst Schuld wäre,
weil er ja nicht gehört hatte. Wir besuchten Patrick täglich
in der Klinik und Nicole geriet erneut in den Hintergrund.
Aus Wut über die mangelnde Aufmerksamkeit schnitt
Nicole dann eines Tages ein Loch in unsere Ledercouch.
Zunächst versuchte sie es zu verstecken, dann versuchte
sie Patrick die Schuld zu geben und als sie merkte, dass
sie überführt war wurde sie trotzig und frech. Alles endete
damit, dass Michael ihr erneut den Hintern versohlte.

Für Nicole war klar, dass sie Michael hasste, denn er hatte
ihr den Hintern versohlt und sie wollte ihn los werden um
jeden Preis. Es folgten Intrigen, die Michael und ich aber
ignorierten und ins leere laufen ließen. Je weniger
Aufmerksamkeit wir Nicoles Intrigen schenkten, umso
weniger Spaß machte es ihr welche zu spinnen.

Kapitel 7

Die Dinge schiene sich zu beruhigen und wir zogen in ein Haus in Wilhelmsfeld. Patrick und Nicole gingen zur Schule, Michael ging zur Arbeit und ich blieb mit den beiden Zwergen daheim. Victoria entwickelte sich prächtig, aber Franzisca wurde sehr krank. Jede Nacht hatte Franzisca Hustenanfälle, die so stark waren, dass sie aufhörte zu atmen. Wir mussten Franzisca zu uns ins Schlafzimmer nehmen und keiner von uns schlief eine Nacht durch.Wenn ein Hustenanfall kam mussten wir sie sofort hoch nehmen, denn die Gefahr einer Erstickung war sehr groß.

Kein Arzt konnte erklären, was mit dem Kind los war. Arztbesuche, Blutuntersuchungen, Röntgen füllten meine Tage aus, aber keiner konnte uns sagen, was die Anfälle auslöste. Ein Arzt sagte, wir sollten Franzisca nehmen und im Bad Türen und Fenster schließen, dann das heiße Wasser laufen lassen, bis der Raum voll Dampf ist. Ein anderer Arzt riet zu Pfefferminzöl auf dem Schlafanzug und auf der Bettwäsche. Ein anderer Arzt riet zu langen Spaziergängen im Wald und wieder ein anderer Arzt glaubte, dass Franzisca nur hustete um Aufmerksamkeit zu bekommen. Von Woche zu Woche verschlimmerte sich ihr Zustand und Michael und ich konnten keine Nacht mehr ein Auge zumachen, weil wir Panik hatten, dass sie eines Morgens tot im Bett liegen könnte. Wir waren am verzweifeln und der Schlafentzug zerrte zusätzlich an unseren Nerven. Michael ging jeden Morgen zur Arbeit und war todmüde. Ich machte die Großen fertig für die Schule und musste mich dann um die Kleinen kümmern. Wenn die Großen aus der Schule kamen, dann lief ich bereits wie ein Zombie herum und hatte keine Nerven mehr, denn auch am Tag hatte Franzisca ständig Anfälle. Als Franziscas Anfälle bereits länger als 3 Monate anhielten und Michael und ich am Ende unserer Kräfte waren rief mich ein befreundeter Arzt an, der von Franziscas Problem wusste. Gerade als ich am Telefon mit dem Arzt war bekam Franzisca wieder einen Anfall und der befreundete Arzt konnte mitanhören, welche Dramen sich abspielten. Als Franziscas Anfall vorbei war nahm ich das Telefon wieder in die Hand und entschuldigte mich unter Tränen. Dieser Arzt wollte dann sofort die Telefonnummer unserer örtlichen Apotheke von mir haben und befahl mir, sofort zur Apotheke zu gehen und mir vom Apotheker das Medikament geben zu lassen, welches er telefonisch anwies. Ich legte auf, zog mich an, packte die Kleinen ein und ging zur Apotheke, wo ich bereits erwartet wurde. Als der Apotheker sah, dass ich zwei kleine Kinder dabei hatte wies er mich darauf hin, dass das Mittel unter keinen Umständen an Kinder verabreicht werden dürfte. Ich bedankte mich, zahlte meine Rezeptgebühr und ging zurück um diesen Arzt anzurufen. Unser befreundeter Arzt erklärte mir dann, dass dieses Medikament normalerweise nicht für Kinder gedacht ist, dass aber in diesem speziellen Fall nur dieses Mittel helfen würde. Raimund, der Arzt gab mir genaueste Dosierungshinweise und wies mich ausdrücklich darauf hin, dass ich die Dosierung unter keinen Umständen verändern sollte. Mit zitternden Fingern, mulmigem Gefühl und unsagbarer Angst verabreichte ich Franzisca die erste Dosis des Medikaments. Als Sie die Tropfen auf die Zunge bekam fing sie an zu schreien wie am Spieß und sie lies sich auch für fast eine Stunde nicht beruhigen.

Ich rief erneut bei Raimund an und er beruhigte mich, dass es ganz normal wäre, weil die Tropfen höllisch scharf wären und auf der Zunge und im Mund brennen würden. Den ganzen Tag und die folgende Nacht hatte Franzisca keinen Anfall, aber nach jeder Gabe der Tropfen schrie sie sich die Seele aus dem Leib. Die Tropfen musste sie über einen Zeitraum von 4 Wochen 3 mal am Tag nehmen und Franzisca wurde völlig gesund und entwickelte sich von da an auch sehr gut. Als Franzisca dann gesund und munter war, hüpfte Patrick eines morgens auf dem Weg zur Schule von einer Mauer und konnte seinen Fuß nichtmehr bewegen. Michael hatte diesen Vormittag frei und fuhr mit Patrick zum Arzt. Der Arzt glaubte es handele sich um eine Verstauchung und machte ihm einen Tape-Verband. Michael brachte Patrick nach hause und fuhr dann selbst zur Arbeit. Den ganzen Tag war Patrick auf der Couch am jammern und weinen und als Michael am Abend von der Arbeit kam fuhr ich mit Patrick nach Heidelberg in die orthopädische Klinik. Der diensthabende Arzt entfernte den Tape-Verband sofort und veranlasste eine Röntgenuntersuchung, bei der sich dann ein komplizierter Bruch von 2 Mittelfußknochen herausstellte. Die Ärzte wollten Patrick in der Klinik behalten und am nächsten Tag operieren, aber Patrick wehrte sich mit allen Kräften. Der Arzt erklärte Patrick, dass man den Bruch auch anders richten könnte, nämlich indem der Arzt den Knochenbruch durch Zug und drehen wieder in die richtige Position bringt. Patrick bat den Arzt unter Tränen, das zu versuchen. Der Arzt erklärte Patrick, dass diese Methode sehr, sehr schmerzhaft wäre und dass es besser wäre, eine OP zu machen. Patrick bestand auf den Versuch der manuellen Methode. Die Ärzte taten

Patrick den „Gefallen" und er schrie unter den großen
Schmerzen, als die Ärzte zu dritt die Knochen manipulativ
richteten. Es hatte geklappt und Patrick wurde
anschließend eingegipst. Der Fuß musste für 6 Wochen
ruhig gestellt werden und heilte dann auch gut.
Alles war im grünen Bereich, bis Patrick eines Tages beim
Diebstahl eines Gameboys erwischt worden war. Alles
wäre halb so schlimm gewesen, wenn der Ladeninhaber
nicht eine Nachricht auf unserem Anrufbeantworter
hinterlassen hätte und dort betont hätte, dass Patrick ein
Dieb wäre. Michael hörte den AB ab und rief dann Patrick
zu sich. Patrick sagte, dass der Ladenbesitzer ein Lügner
wäre und wir alle ihn hassen würden und ihm keiner
glauben würde. Wir machten eine Zimmerdurchsuchung
bei Patrick, aber finden nichts. Alles schien tatsächlich so
zu sein, dass hier eine Verwechslung vorlag, wenn nicht
die Mutter einer Mitschülerin angerufen hätte, um zu
fragen, ob es auch für uns OK wäre, dass Patrick der
Mitschülerin einen Gameboy schenkt. Michael rastete aus
und Patrick bekam den Hintern voll. Patrick musste den
Gameboy zurückbringen und sich entschuldigen und hatte
fortan Hausverbot in dem Geschäft. Was aber viel
schlimmer war, war die Tatsache, dass der
Geschäftsinhaber allen möglichen Leuten von diesem
Vorfall erzählte, was dazu führte, dass jeder im Dorf uns
schief anschaute und hinter unserem Rücken tuschelte.
Die Situation wurde derart unerträglich für mich, dass ich
nichtmehr in den Laden in Wilhelmsfeld zum einkaufen
ging, sondern lieber nach Heidelberg fuhr, weil man dort
nicht über uns redete. Mit unseren 4 Kindern galten wir ja
ohnehin schon als asozial, aber der klauende Sohn
bestätigte dies ja noch. Als die Leute schließlich auch

ganz offen über uns redeten, weil unser lieber Nachbar (Versicherungsvertreter und Ortsratsvorsitzender) die Geschichte mit Patricks Diebstahl immer wieder zu neuem Leben erweckte, entschieden wir uns umzuziehen.

Kapitel 8

Durch einen Zufall hörten wir von einem Haus in Eisenberg, das zur Miete stand. Wir kontaktierten den Vermieter und dieser sagte uns auch zu, dass wir das Haus haben könnten. Leider konnten wir das Haus nur von außen besichtigen, weil die Vormieter noch nicht ausgezogen waren und auch keinen Nachmieter ins Haus ließen.Wir zogen in das Haus in Eisenberg, obwohl wir es nur von außen gesehen hatten. Als wir dann den Schlüssel für die angemietete Immobilie bekamen waren wir froh, endlich umziehen zu können. Wir fuhren zum Haus, schlossen die Tür auf und gingen hinein um endlich unser neues Heim zu besichtigen und uns ein Bild von den nötigen Renovierungsarbeiten zu machen. Als wir das Wohnzimmer betraten traf uns fast der Schlag, denn der gesamte Teppich im Haus war von Flöhen befallen und diese sahen uns als Ihre Mahlzeit an. Im Bruchteil einer Sekunde waren unsere Beine schwarz von Flöhen, die sofort begannen unser Blut zu saugen. Wir rannten raus und streiften die Flöhe massenweise von unseren Beinen und der Kleidung. Da wir den Mietvertrag bereits unterschrieben hatten und keine andere Möglichkeit bestand mussten wir in dieses Haus einziehen. Ich fuhr in eine Zoohandlung und kaufte deren Lagervorräte an Flohspray, Flohpulver und sonstigen Insektenvernichtern auf. Zurück im Haus nebelten wir zunächst alle Räume aus und entfernten dann in Windeseile alle Teppiche und putzten das Haus bis in die kleinsten Ecken. Nachdem alle Teppiche entfernt und alles geputzt war haben wir dann nochmal alle Räume mit einem Speziellen Insektenvernichter vernebelt und nochmal geputzt.Dann konnten wir anfangen, die Müllreste und die Einrichtungsgegenstände des Vormieters zu entfernen. Nach Ende der Säuberungsarbeiten hatten wir einen Müllberg von 15 m Länge und 4 m Höhe zusammengetragen. Wir haben dann neue Teppiche verlegt und mit dem Einzug begonnen. Den gesamten Umzug haben Michael, Nicole, Patrick und ich alleine bewältigt, da kein Mensch Zeit hatte um uns zu helfen. Erschwerend kam dann hinzu, dass Michael und ich arbeiteten und dass wir durch den Kauf der Teppiche und der Entsorgung des Müllberges finanziell sehr kleine Brötchen backen mussten und uns keinen LKW leisten konnten. So kam es, dass mein Vater uns seinen Espace leihweise überließ und ein Bekannter uns einen Anhänger lieh. Mit Espace, Passat und einem großen Anhänger vollzogen wir den Umzug zwischen Arbeiten und Schule. Am letzten Umzugstag passierte dann auch noch das Unglück, dass mir ein unaufmerksamer BMW-Fahrer in den Espace meines Vaters fuhr und der Wagen als Totalschaden endete. Meine Eltern waren zu dieser Zeit im Urlaub und ich hatte eine Woche Zeit, mir zu überlegen, wie ich meinem Vater die Hiobsbotschaft überbringe. Ganz nebenbei hatte ich auch noch ein schweres Schleudertrauma und musste eine Halskrause tragen. Der Stress war perfekt, denn der Umzug war noch nicht ganz fertig, das Auto meines Vaters war kaputt und Geld war auch kaum noch da. Erschwerend kam hinzu, dass im Wohnzimmer noch Fliesen verlegt werden sollten, aber weder Michael, noch ich hatten bisher gefliest. Meine Eltern erklärten sich bereit, an einem Wochenende zu kommen und uns zu helfen. Mein Vater hatte gerade erst Fliesen in seinem Haus verlegt und war noch in der

Übung.

An einem der folgenden Wochenenden kamen meine Eltern dann und es wurde gefliest, geputzt, geräumt, verfugt und was noch so alles anfiel. Gegen 17 Uhr am Nachmittag erschallte ein Schrei aus dem Garten. Michael war mit Birkenstock Sandalen in dem Müll und Unrat, den wir aus dem Haus geräumt hatten und noch nicht zur Schutthalde gebracht hatten, herumgelaufen und eine Teppichschiene hatte sich circa 10 cm tief in seinen Fuß gebohrt. Wir brachten ihn ins Esszimmer und er blutete wie ein abgestochenes Schwein. Wir wollten ihn eigentlich sofort ins Krankenhaus bringen, aber Michael weigerte sich, weil noch zu viel zu tun war und er glaubte, dass die Wunde schlimmer aussähe, als sie ist. Michael bekam einen Verband und wollte unbedingt weiter arbeiten und helfen. Seine Hilfe bestand hauptsächlich darin, dass er das ganze Haus mit Blut besudelte, denn der Verband war binnen kürzester Zeit durchgeblutet und sein Rumgerenne wirkte sich auch nicht gerade förderlich auf die Blutung aus. Michael wurde dazu verdonnert, sich in eine Ecke zu setzen und den Fuß ruhig zu halten, während mein Vater mit Patrick unbedingt noch einen Schrank aufbauen wollte. Der Schrank war schon nahezu fertig, als meinem Vater ein Einlegeboden aus der Hand rutschte. Patrick hatte seine Finger auf der Leiter um sich festzuhalten und das Brett fiel ihm genau mit der Kante auf die Finger. Jetzt war der Stress perfekt, denn Patricks Finger schwollen sofort an und man konnte sehen, dass mindestens 2 Finger gebrochen waren. Also sind wir ins Krankenhaus gefahren, wo Patrick dann sofort einen Gips verpasst bekam. Michael kam dann erst 3 Tage später in die Klinik, weil er sich eine Blutvergiftung zugezogen hatte und sein Fuß bis zum Knie angeschwollen war. Jetzt hatte ich dann zwei Verletzte zu versorgen und das Haus fertig zu stellen und arbeiten zu gehen. Ich war ja multitaskingfähig und so konnte ich es auch noch bewerkstelligen, einen 12 Stunden Job bei einer Munitions- und Feuerwerksfabrik anzunehmen. Finanziell ging es kurzfristig bergauf und wir konnten sogar ein paar Mark sparen um vielleicht mal in Urlaub zu fahren. Leider hielt das finanzielle Hoch nicht lange an, denn am Haus gab es erste Probleme, die unser Vermieter nicht reparieren lassen konnte, oder wollte. Er sagte uns klipp und klar, dass er momentan kein Geld hätte und dass wir die Reparaturen erledigen lassen sollten und die Kosten auf den späteren Hauskauf angerechnet werden würden, wenn wir die Rechnungen behalten. Die erste größere Investition war dann eine Reparatur der Heizung und die Kosten für den Bezirksschornsteinfeger. Diese Kosten beliefen sich auf 1500 DM und somit war das Urlaubsgeld weg. Für uns war das eine Investition in unser eigenes Haus und wir waren irgendwie auch stolz, dass uns bereits ein kleiner Teil des Hauses gehörte. Unser Vermieter setzte dann einen Vertrag auf, der besagte, dass alle Reparaturen bis zur Höhe von 2000 DM von uns ausgeführt werden sollten und die so entstandenen Kosten auf den Kaufpreis des Hauses angerechnet werden. Wir haben den Vertrag durchgelesen und unterschrieben und für uns war klar, dass wir dieses Haus irgendwann besitzen würden. Der Kaufpreis war auf 386000 DM festgelegt und der Verkauf sollte nicht vor 2008 stattfinden, weil unser Vermieter ansonsten eine Spekulationssteuer hätte zahlen müssen. Uns war diese Regelung recht, denn auf diese Weise konnten wir nach und nach einen Teil des Hauses abzahlen und mit einem Darlehen warten bis 2008.

Ich fing dann bei einem Chemieunternehmen in Speyer an zu arbeiten und Michael arbeitete als Servicetechniker in einem Radius von 150km um unseren Wohnort. Nach neun Wochen bekam ich vom Chemieunternehmen das Angebot für 3 Monate in die Vereinigten Staaten zu gehen und mich dann weiterzubilden. Nach langen Überlegungen lehnte ich dieses Angebot ab und zog es vor, in einer Zeitarbeitsfirma im internen Dienst anzufangen. Michael und ich verdienten zwar beide recht gut, aber die Reparaturen am Haus wurden immer mehr und die Summen wurden auch immer größer. Die Reparaturen waren zwar nie teurer als 2000 DM, aber aber 2-3 Reparaturen pro Monat fraßen unser Budget recht schnell auf und unser Vermieter berief sich auf den Vertrag, in dem vereinbart war, dass Reparaturen bis 2000 DM von uns übernommen werden.

In den nächsten Jahren gab es dann immer wieder Streitigkeiten, denn Nicole und Patrick kamen in die Pubertät, hatten die falschen Freunde und orientierten sich an den falschen Leuten. Erschwerend kam hinzu, dass es uns finanziell nicht besonders rosig ging, denn unser Vermieter kümmerte sich einen feuchten Dreck um die defekte Heizung, oder andere Reparaturen am Haus. Die Heizung fraß das Heizöl förmlich auf und unser beider Gehälter reichten gerade so aus um uns alle zu ernähren. Da Michael und ich arbeiteten, blieben viele Dinge an Nicole und Patrick hängen und sie hatten viel Verantwortung zu tragen. Einer von Beiden musste die Kinder vor der Schule zum Kindergarten bringen und der Andere musste sie abholen. Essen habe ich meistens am

Abend vorher vor gekocht und Nicole und Patrick sorgten dann dafür, dass alle was zu essen hatten. Den Nachmittag mussten sich die Großen dann mit den Kleine beschäftigen, bis wir von der Arbeit kamen. Meistens waren Michael und ich dann zu kaputt um uns noch großartig um etwas zu kümmern und so kam es, dass Nicole und Patrick immer mehr Aufgaben übernehmen mussten und nach der Schule das Leben von Erwachsenen führten. Michael und ich arbeiteten beide circa 50 km von unserem Wohnort entfernt und erschwerend kam hinzu, dass meine Arbeitszeiten sich auf bis zu 18 Stunden hinzogen und ich somit nur noch zum schlafen heim kam. Meine Familie wurde mir immer fremder und ich war ständig angespannt, müde und nicht in der Lage abzuschalten. Nicole und Patrick rebellierten, weil sie keine Lust auf das Leben hatten, was sie zwangsläufig führten. Michael und ich verstanden die Rebellionen der Großen nicht, weil wir auch keinen Kopf dafür hatten, denn trotz der vielen Arbeit hatten wir ein Leben am Existenzminimum zu führen. Unsere Heizung schluckte runde 1000 l Heizöl in zwei Sommermonaten und der Schornsteinfeger drohte, dass er uns die Heizung still legen würde, weil sie zu hohe Emissionen hatte. Der Vermieter hatte vom Schornsteinfeger eine Aufforderung bekommen, die Heizung zu erneuern, aber er kümmerte sich nicht darum. Unsere Stromkosten stiegen dann plötzlich auch noch auf 450 Mark pro Monat und kein Mensch konnte uns erklären warum die Kosten so rasant angestiegen waren. Als die Stadtwerke dann androhte, den Strom abzustellen, weil wir mit fast 1000 Mark im Rückstand waren kam dann endlich ein Techniker der Stadtwerke um zu prüfen, woher die hohen Stromkosten

kamen und er stellte fest, dass die Stadt „versehentlich"
bei Umbauarbeiten eine Leitung unseres Hauses,
angezapft und die Straßenlaterne und die Ampel vor
unserem Haus auf unserem Hauszähler angeklemmt
hatten. Unglücklicherweise lief all der verbrauchte Strom
dieser beiden „Fremdkörper" über unseren Zähler und
somit waren die Kosten erklärt. Der Sachverständige
demonstrierte uns die Sache auch, indem er die
Panzersicherung zog und somit die Ampel lahm legte. Da
die Prüfung am Tag stattfand tat sich an der Straßenlaterne
nichts. Wir waren froh und erleichtert und dachten, dass
uns die Stadtwerke nun die Kosten erstatten würden, aber
da hatten wir uns geirrt. Die Stadtwerke teilten uns mit,
dass wir für den Strom, der durch unseren Zähler gelaufen
war bezahlen müssten und uns das Geld von der Stadt
holen müssten. Die Stadt hingegen erklärte uns, dass der
Fehler bei einer Privatfirma läge, die die Bauarbeiten
durchgeführt hätten und den Fehler verursacht hätten. Wir
liefen von Pontius zu Pilatus, aber ohne Erfolg. Wir hatten
die Möglichkeit zu zahlen, oder ohne Strom da zu sitzen.
Dann kam der Oberhammer, als uns die Stadt einen
Gerichtsvollzieher schickte, der von uns die Haus- und
Grundsteuer für das Haus kassieren wollte, weil unser
Vermieter diese nicht seit mehreren Jahren nicht gezahlt
hatte. Wir sagten dem Gerichtsvollzieher, dass wir das
Haus nur gemietet hätten, doch dieser teilte uns mit, dass
er das Haus Zwangsräumen lassen würde und es zu einer
Versteigerung käme. Unser Vermieter interessierte sich
nicht dafür und meldete sich nicht. Wir führen nach
Enkenbach zu dem Gerichtsvollzieher um uns einen Rat
zu holen und dieser erklärte uns dann, dass wir einfach die
nächsten Mieten nicht an den Vermieter, sondern an den

Gerichtsvollzieher zahlen sollten und die Zahlungsquittungen in Kopie an den Vermieter schicken sollten. Wir taten, was uns geraten war und zahlten die rückständige Haus- und Grundsteuer und schickten die Kopien der Quittungen an den Vermieter, der sich immer noch nicht meldete und den wir auch weder schriftlich, noch telefonisch oder persönlich erreichen konnten. Den nächsten Schock verpasste uns dann ein Herr der deutschen Bank,der eines Abends auf der Matte stand und uns darauf hinwies, dass unser lieber Vermieter seit mehreren Monaten mit den Raten des Darlehens für das Haus im Rückstand war. Wir glaubten, dass das mit uns nichts zu tun hätte, denn wir waren ja nur Mieter. Weit gefehlt, denn auch hier wurde uns mit Zwangsräumung und Versteigerung gedroht. Die einzige Lösung war, dass wir alle Mieten an die Deutsche Bank auf ein spezielles Konto einzahlten. Wir teilten dem Bankmenschen mit, dass wir bereits die Haus- und Grundsteuer der letzten Jahre bezahlt hätten und noch einen weiteren Monat unsere Miete an den Gerichtsvollzieher überweisen sollten. Der Bankmensch interessierte sich nicht dafür und setzte uns die Pistole auf die Brust, dass wir entweder die nächste Miete bereits an die Bank zahlen sollten, oder die Zwangsräumung ins Haus stand. Was sollten wir machen? Es gab keine andere Lösung, als im nächsten Monat sowohl eine volle Monatsmiete an den Gerichtsvollzieher, als auch eine weitere Monatsmiete an die Bank zu zahlen. Der Gerichtsvollzieher und die Bank teilten uns dann mit, dass alle von uns bezahlten Beträge ebenfalls auf den Kaufpreis angerechnet werden sollten. Für uns hieß das, dass wir das Haus mehr oder weniger bereits am abzahlen waren, weil wir ja die Darlehensraten unseres Vermieters übernahmen. Leider stellte sich heraus, dass durch Zinsen und Zinseszinsen der Kaufpreis von den ursprünglichen 386000 DM auf knappe 478000 DM gestiegen war. Wir drehten uns im Kreis, denn je mehr wir arbeiteten und erwirtschafteten, umso mehr Geld ging weg ohne dass wir etwas ändern konnten. Die finanziellen Probleme brachten auch weitere Spannungen in die ganze Familie, denn wir arbeiteten immer mehr um der finanziellen Misere Herr zu werden und wir hatten immer weniger Zeit für die Familie. In der Zwischenzeit hatte ich meine Stellung in der Zeitarbeitsfirma gewechselt und war nun zur Niederlassungsleiterin befördert worden. Das hieß zwar, dass ich etwas mehr verdiente, aber auch, dass ich mehr arbeiten musste.

Speziell im Sommer zogen sich die Arbeitsstunden ins Unermessliche, denn in den Sommermonaten hatten alle Firmen mehr Bedarf an Arbeitskräften und es passierte, dass eine Firma abends um 18 Uhr anrief und für die Frühschicht noch 10 Leute brauchte. Mir blieb dann nichts anderes übrig, als nach 18 Uhr noch 10 Leute einzustellen und ihnen den „Marschbefehl" für den nächsten Morgen zu geben.

In den Lohnabrechnungswochen musste ich ebenfalls länger bleiben, denn die Mitarbeiter wollten ihre Löhne pünktlich auf dem Konto haben.

Eines Abends, als ich mal wieder länger arbeiten musste, rief dann eine Nachbarin auf meinem Geschäftshandy an um mir mitzuteilen, dass Nicole mit Franzisca in der Klinik wäre. Ich war gerade auf der Autobahn auf dem Weg nach hause und fuhr beinahe in den Graben. Mit mehr als überhöhter Geschwindigkeit fuhr ich die letzten Kilometer und telefonierte während dessen mit Michael um zu erfragen, wo er war. Michael hatte etwa die gleiche Entfernung bis nach hause wie ich und so waren wir fast gleichzeitig daheim. Wir befragten die Nachbarin, die aber auch nichts genaues wusste und fuhren mit meinem Auto in die nächstgelegene Klinik, wo man uns allerdings mitteilte, dass unsere Tochter in die Kinderklinik verbracht worden wäre. Man konnte uns leider nicht sagen, in welche Kinderklinik, da es drei verschieden Kinderkliniken in einem Radius von 30 km gab. Wir beratschlagten kurz und entschlossen uns, nach Worms in die Kinderklinik zu fahren. Dort angekommen fanden wir auch Nicole und Franzisca und Nicole berichtete uns, dass sich Franzisca von Kopf bis Fuß mit Finalgon (eine Rheuma-salbe) eingecremt hatte. Die Behandlung dauerte noch 2 Stunden und dann konnten wir beide Kinder mit nach hause nehmen. Da kam uns zum ersten mal der Gedanke, dass wir etwas ändern mussten und wir entschlossen uns, den nächsten Tag beide frei zu nehmen und gemeinsam aufs Amt zu gehen und uns Rat einzuholen, wie wir vielleicht einen finanziellen Zuschuss bekommen könnten. Gesagt, getan! Am nächsten Morgen rief ich meine Sekretärin an und teilte mit, dass ich nicht zur Arbeit käme, weil ich private Behördengänge zu machen hätte. Michael arbeitet zu dieser Zeit als mein Angestellter und so bat ich meine Sekretärin, ihn ebenfalls auf Urlaub zu setzen. Wir packten alle Unterlagen zusammen und machten uns eine Liste mit Fragen, die wir beantwortet haben wollten. Auf dem Rathaus schickte man uns dann auf den üblichen Behördenmarathon. Die Rezeption schickte uns in Zimmer 5, die Dame von Zimmer 5 war nicht zuständig und schickte uns ins Bürgerbüro. Das Bürgerbüro schickte uns zur

Wohngeldstelle, die uns dann wiederum zum Sozialamt schickte. Die Dame vom Sozialamt schickte uns mit einem Zettel wieder zum Bürgerbüro und diese Damen schickten uns zurück zur Wohngeldstelle, welche uns dann erneut zum Sozialamt schickte. Nach langem hin und her stimmte die Dame vom Sozialamt zu, dass wir ihr die ganze Geschichte erstmal schildern und sie dann eine Entscheidung treffen sollte, welche Stelle zuständig war. Eine Stunde lang schilderten wir unseren Fall und dann wurden wir gefragt, ob wir ein Auto hätten. Wahrheitsgemäß antworteten wir, dass wir sogar 2 Autos hätten, doch dass wir diese auch bräuchten, weil wir an völlig unterschiedlichen Orten arbeiteten. Michael arbeitete zu dieser Zeit in Pirmasens und ich arbeitete in Ludwigshafen. Die Dame vom Sozialamt blickte kurz auf und sagte uns dann, dass wir unsere beiden Autos verkaufen sollten und dann hätten wir Geld. Wir erwiderten, dass das unmöglich wäre, weil wir ohne die Autos keine Arbeit mehr hätten. Die Dame fing dann an zu rechnen und meinte nur trocken, dass wir als Arbeitslose besser gestellt wären, weil wir dann unsere Miete bezahlt bekämen und alles in allem runde 300 Euro im Monat mehr hätten, als wenn wir arbeiten.

Erschwerend kam hinzu, dass wir durch den Vertrag, den wir mit unserem Vermieter geschlossen hatten einen Anteil am Haus besaßen und dieses Geld ebenfalls zu unserem Guthaben gerechnet wurde. Wir waren unsagbar wütend und verließen hilflos das Amt.

Wieder gingen Wochen ins Land und das Geld reichte hinten und vorne nicht, denn die Kosten des Hauses fraßen unser Geld schneller, als wir es einnehmen konnten. Das Heizöl wurde immer schneller leer und die Reparaturen am Haus mehrten sich. Mal brannte eine Stromleitung in der Waschküche durch, mal brach eine Wasserleitung. Kosten über Kosten entstanden und am Ende des Geldes war jedes mal mehr vom Monat übrig. Nicole und Patrick sahen nur, dass wir arbeiteten wie die Brunnenputzer und sie verstanden nicht, warum das Geld nicht ausreichte. Eines Abends als wir von der Arbeit heim kamen traf uns dann beim betreten des Hauses förmlich der Schlag, denn im ganzen Haus war blaue Farbe auf Böden, Tischen, Teppichen. Patrick kam stolz die Treppe runter und berichtete, dass er sein Zimmer gestrichen hatte. Wir waren nur einfach noch genervt und forderten Patrick auf, den Schweinestall sofort zu beseitigen und die Farbrollen sauber auszuwaschen. Patrick maulte herum und wurde aufsässig und frech. Ein Wort gab das Andere und zum guten Schluss rutschte Michael die Hand aus. Es war sicherlich nicht der richtige Weg, aber es war eine Reaktion auf Patricks Aufsässigkeit und unsere maßlose Überforderung. Patrick schmiedete dann in dieser Nacht den Plan, abzuhauen und zu seinen Großeltern zu ziehen. Als wir am nächsten Tag von der Arbeit kamen war er weg. Weder Nicole, noch einer seiner Freunde wussten, wo er war und auch die Polizei hatte keinen Hinweis. Die ganze Nacht telefonierten wir mit Polizei und Patricks Freunden und fuhren durch die Gegend um ihn zu suchen. Am nächsten Tag teilte uns dann die Polizei mit, dass das Jugendamt wüsste, wo er sich befände. Da das Jugendamt uns keine Auskunft geben wollte schalteten wir einen Anwalt ein, der sich der Sache an nahm. Binnen der nächsten 24 Stunden wussten wir dann wo Patrick war und waren beruhigt. Er wollte bei meinen Eltern bleiben und dort seine Schule fertig machen. Gemeinsam mit

Jugendamt und unserem Anwalt beschlossen wir, dass es für Patrick eine Chance war, seine schlechten Schulnoten und Leistungen zu verbessern.

Kapitel 9

Nicole hasste ihren Bruder dafür und wollte ihn nie wieder sehen, denn sie fühlte sich von ihm verraten. Etwa zum gleichen Zeitpunkt fing Nicole an, sich mit Leuten zu umgeben, die nicht gut für sie waren und so kam es, dass sie eines Tages beim klauen eines Päckchens Zigaretten erwischt wurde und die Polizei sie nach hause brachte. Wir redeten mit ihr und wollten, dass sie für das, was sie getan hatte gerade steht. Die Polizei schrieb eine Anzeige und es kam zu einer Anhörung. Der Gerichtsangestellte sagte uns, dass er die Sache unter den Tisch fallen lassen würde, wenn wir zustimmen. Wir stimmten nicht zu, denn wir wollten, dass sie daraus lernt. Alle ihre „Freunde" hatten ihr gesagt, dass sie dafür nicht vor Gericht gestellt werden würde und so war sie sich ihrer Sache recht sicher. Da wir aber bei Gericht darum gebeten hatten, dass sie einen Schock bekommen sollte, kam es zu einer Verhandlung und man verurteilte sie zu 40 Stunden gemeinnütziger Arbeit. Sie sollte ihre Stunden in einem Second Hand Laden ableisten. Zwei mal pro Woche musste sie für 4 Stunden in diesem Laden arbeiten und Wäsche sortieren, auszeichnen und Sachen einräumen. Nicole hatte zwar ihre Strafe bekommen, aber die Sache hatte auch einen gewaltigen Nachteil, denn sie lernte dort einen Typen kennen, der wegen Drogen ebenfalls Arbeitsstunden ableisten musste. Der Typ war 19 und genau die Sorte Mensch, von denen man sich tunlichst fernhalten sollte. Wie es der Teufel wollte verliebte sich Nicole in den Kerl und brachte ihn auch noch mit zu uns. Es war nicht die Tatsache, dass er von Kopf bis Fuß tätowiert war, oder dass er einem Eisenwarenhandel glich, weil sein gesamter Körper von Piercings durchlöchert war. Es war mehr der Umstand, dass Benehmen und Anstand für ihn nicht existent waren und die Tatsache, dass er sich mit seinen Straftaten brüstete. Wir wiesen dem Typen die Tür und verboten Nicole mit ihm Kontakt zu haben. Bekanntlich schmecken aber verbotene Früchte am Besten und so fanden wir dann nach ein paar Wochen heraus, dass sich Nicole heimlich mit ihm traf. Wir wussten, dass alle Verbote und Strafen nichts brachten und so beschlossen wir, dass Nicole ein Praktikum bei mir in der Firma machen sollte. So war sichergestellt, dass ich sie rund um die Uhr im Auge hatte und dass dieser Kerl ihr nichtmehr zu nahe kommen konnte. Bis zum Beginn von Nicoles Praktikum vergingen jedoch noch ein paar Wochen und so beschloss ich, dem Typen einen Job zu geben um ihn von Nicole fern zu halten. Ich stellte ihn als Helfer ein und verfrachtet ihn nach Mainz, denn so war er mindestens von 6 Uhr bis 19 Uhr aus der Bahn und Nicole konnte ihn nicht treffen. Da gerade Ferien waren sollte sich Nicole tagsüber um die beiden Kleinen kümmern. Alles klappte hervorragend, bis wir eines Abends heim kamen und Victoria auf der Couch saß und jämmerlich weinte. Ihr Daumen war in einem riesigen Verband eingepackt und Nicole erklärte uns, der Arzt hätte den Verband gemacht und es wäre alles nicht so schlimm. Wir fragten, was denn passiert wäre, aber von Nicole und Victoria bekamen wir völlig unterschiedliche Aussagen und keine der Aussagen deckte sich auch nur im Ansatz mit der Anderen. Nicole behauptete, dass Vicky gefallen wäre und sich an einem Nagel verletzt hätte und Vicky erzählte etwas von einem Hund, einem Biss und einer Eiscreme. Nach langem Verhör kam dann heraus, dass Nicole mit Victoria bei

Nachbarn zu Besuch war und dass der Hund der Nachbarn Victoria angefallen hatte. Der Nachbarsjunge und Nicole hatten Angst und vertuschten den Hundebiss indem sie Vicky ein Eis gaben und sie dann zum Arzt brachten. Beim Arzt erzählten sie dann die Geschichte vom Sturz und dem rostigen Nagel. Da der Arzt ja nur die Geschichte von Nicole kannte nähte er den Daumen und machte einen Verband. Als wir dann die Wahrheit erfuhren sind wir sofort mit Vicky in die Klinik gefahren, denn die Kleine hatte wahnsinnige Schmerzen und brauchte dringend Medikamente. Als der Arzt im Krankenhaus erfuhr was wirklich passiert war öffnete er sofort den Verband und entfernte die 12 Stiche mit denen der Daumen genäht war. Es stellte sich raus, dass der Hund den kompletten Daumen vom Knochen abgebissen hatte. Das heißt, der Knochen war unversehrt, aber das gesamte Fleisch vom Daumen war abgerissen.Der Arzt erklärte uns dann, dass es nicht genäht werden dürfte, sondern dass es nur mittels Verband befestigt werden dürfte und langsam alleine heilen müsste. Der Arzt teilte uns auch mit, dass Victoria vielleicht eine Amputation des Daumens haben würde, wenn die Wunde sich infizieren würde. Gott sei dank heilte der Daumen gut ab und außer einer großen Narbe und diverser Nervenstörungen im Daumen blieb nichts zurück.

Kapitel 10

Victoria war inzwischen eingeschult und hatte einen
Ganztagsplatz in der Schule, was hieß, dass sie von 7:30
Uhr bis 16:30 Uhr in der Schule war. Für Franzisca hatten
wir einen Ganztagsplatz im Kindergarten und so war auch
sie von 7:30 Uhr bis 16:30 Uhr im Kindergarten. Ich
arbeitete von 9 bis 18 Uhr und Nicole kam mit mir zur
Arbeit und Michael arbeitete von 7 bis 16 Uhr. Das hieß,
dass ich die Kinder morgens in die Schule und den
Kindergarten brachte und dass Michael sie abholte.
Ich arbeitete in Ludwigshafen und verdiente 3000€ brutto
im Monat, musste dafür aber 1 mal pro Woche Vormittags
nach München fahren und kam an diesem Tag erst in der
Nacht zurück. Darüber hinaus hatte ich auch noch die
Verantwortung für die Niederlassung, was bedeutete, dass
ich mich um Hotelzimmer für Mitarbeiter die von weiter
entfernt kamen kümmern musste.
Michael kümmerte sich nach seiner Arbeit um den Garten
und das Haus, denn es fielen immer neue Arbeiten an, die
keinen Aufschub duldeten und wir konnten es uns nicht
leisten die Arbeiten aufzuschieben. Eines Abends als
Michael im Garten arbeitete zerstörte er ein
Hornissennest, welches er vorher nicht gesehen hatte.
Binnen Sekunden griffen tausende dieser Biester ihn an
und stachen ihn am ganzen Körper. Mit einem gezielten
Sprung rettete sich mein Mann in das Plantschbecken der
Kinder, welches zerbarst und das gesamte Wasser in den
Garten ergoss. Michael sprang auf und rettet sich ins Haus
unter die Dusche. Ich rannte ins Bad und erschrak über die
vielen toten Hornissen, die an Michaels Körper klebten.
Sofort zog ich die verbliebenen Stachel aus seiner Haut,

aber das nutzte nicht viel, weil er so viel Gift abbekommen hatte, dass er kurz vor einem anaphylaktischen Schock stand. Ich half ihm schnell, sich anzuziehen und verfrachtete Ihn in Windeseile ins Auto. Auf dem schnellsten Weg sind wir dann ins Krankenhaus gefahren und sein Zustand verschlechterte sich zusehends. In der Klinik wurde dann der Schock behandelt und es wurden Diverse Infussionen gelegt, die dem Gift entgegen wirken sollten. Michael musste in der Klinik bleiben und ich fuhr heim. Nach 3 Tagen Klinikaufenthalt wurde er entlassen und konnte wieder zur Arbeit gehen.

Ganz langsam weiteten sich dann meine Arbeitsstunden wieder aus und ich war wieder mehr in der Firma als bei meiner Familie. Mitarbeiter mussten in den frühen Morgenstunden zur Arbeit abgeholt werden und in den Betrieben abgeliefert werden, andere Mitarbeiter mussten abends abgeholt und nach Ludwigshafen verbracht werden. Unfallberichte mussten geschrieben werden und Arbeitsplätze mussten besichtigt werden. Die Krönung war, als ein Mitarbeiter von der Niederlassung in Kassel in Ludwigshafen ankommen sollte und ich ihn am Bahnhof abholen wollte. An diesem Abend stand ich auf dem Bahnhof und wartete vergebens auf den Mitarbeiter. Hotelzimmer war gebucht, die Arbeitsstelle war informiert, aber der Mitarbeiter kam nicht. Ich hatte weder eine Handynummer von diesem Mitarbeiter, noch konnte ich den Kollegen in Kassel erreichen. Nach einer vergeblichen Stunde auf dem Bahnhof fuhr ich nach Hause. Gegen 21 Uhr klingelte mein Firmenhandy und der Mitarbeiter war am Telefon. Er teilte mir mit, dass er jetzt am Bahnhof wäre. Ich dachte mir, ich könnte ihn telefonisch zu seinem Hotel lotsen und so beschrieb ich ihm den Weg. Als ich zwei Sätze gesagt hatte unterbrach mich der Mann und meinte, dass meine Beschreibung nicht ganz stimmen könnte, denn wenn er in die Richtung laufen würde, dann würde er ertrinken. Ich schaute verdutzt, denn vom Bahnhof bis zum Rhein war es ein ganzes Stück. Ich fragte Ihn, wo er denn genau wäre und er las mir das Bahnhofsschild vor: „LUDWIGSHAFEN-BODMANN" ! Ich hatte nicht die geringste Ahnung, wo der Mann war und so schaltete ich den Computer an und googelte mir Ludwigshafen-Bodmann. Es stellte sich heraus, dass der Mann nicht in Ludwigshafen am Rhein war, sondern in einem Kuhdorf namens Ludwigshafen am Bodensee. Mein nächster Gedanke war dann, dass der Mann sich in den nächsten Zug setzen sollte und nach Ludwigshafen am Rhein, oder nach Mannheim fahren sollte, aber der Mitarbeiter teilte mir nur nüchtern mit, dass er keinen Pfennig Geld mehr in der Tasche hätte. Damit war dann auch meine nächste Idee, nämlich ein Hotel und der erste Zug am Morgen, gestorben. Da ich den Mann nicht in der Pampa stehen lassen wollte, setzte ich mich in mein Auto und fuhr an den Bodensee um den Mann abzuholen. Mitten in der Nacht kam ich am Bodensee an und holte den Mann ab. Da das Hotel bereits geschlossen hatte, als wir endlich im richtigen Ludwigshafen ankamen nahm ich den Mann kurzerhand mit zu uns und ließ ihn ein paar Stunden auf meiner Couch schlafen. Am nächsten Morgen lieferte ich den Mann dann bei seiner Arbeitsstelle pünktlich ab und ging dann ins Büro. Ich machte Meldung über diesen Vorfall in Kassel und in München, aber alles was ich erntete war Spott und Hohn, denn nach Aussage meiner Kollegen und der Chefetage hätte ich den Mann am Bodensee stehen lassen sollen und erst am Morgen eine Lösung suchen sollen. Ich habe mich furchtbar geärgert, denn ich fand diese Haltung alles andere als sozial. All dieser Ärger und Stress führte dann dazu, dass es mir eines Tages im Büro ganz mies ging. Schon am Morgen war mir übel und ich hatte das Gefühl, ich könnte nicht atmen. Der Zustand verschlimmerte sich im Laufe des Tages und am späten Nachmittag klappte ich in der Küche zusammen und war bewusstlos. Meine Kollegen riefen den Notarzt und dieser verbrachte mich ins Klinikum in Ludwigshafen. Dort wurde ein Herzinfarkt festgestellt und mir wurden Flaschen angehängt und ich wurde an einen Monitor angeschlossen. Die Klinik informierte meinen Mann und Michael kam auch sofort in die Klinik gefahren. Der behandelnde Arzt teilte uns mit, dass es wirklich eine heikle Situation war und dass ich nur ganz knapp am Tod vorbeigeschlittert bin. Michael war schockiert und bat mich, sofort zu kündigen. Auch der Arzt meinte, dass ich mich nach einem ruhigeren Job umschauen sollte. Ich tat alles als eine leichte Schwäche ab und versprach, mich zu erholen und dann etwas kürzer zu treten. Am dritten Tag meines Klinikaufenthalts erschienen zwei meiner Vorgesetzten an meinem Krankenbett. Leider waren die Herren nicht da, um mir eine gute Besserung zu wünschen, sondern um sich zu erkundigen, wann ich wieder voll Einsatzfähig wäre. Nach 6 Tagen entließ man mich aus der Klinik, aber mit der Auflage mich zu schonen und noch mindestens 2 Wochen zu hause zu bleiben. Ich muss wohl nicht erwähnen, dass ich am Tag nach der Entlassung aus der Klinik wieder im Büro war und arbeitete.

Alles lief eine ganze Weile hervorragend, bis wir eines

Nachts von einem dumpfen Schlag erwachten. Wir sprangen aus den Betten auf, weil wir glaubten, das die Heizung mal wieder verrückt spielte, aber uns traf beinahe der Schlag als wir in unser Wohnzimmer kamen. Das ganze Wohnzimmer war voller Staub und überall lagen Sand und Gipsbrocken herum. Von einer Wand von circa 6 Metern Länge war der komplette Putz an einem Stück abgefallen. Es sah aus, als wäre die ganze Wand umgefallen, denn der Putz war in riesigen Stücken im Raum verteilt. Bis heute haben wir keine Ahnung, warum das passiert war und wie es passiert war. Geschockt standen wir vor der Bescherung und wussten nicht, wie uns geschah. Erneute Versuche unseren Vermieter zu erreichen scheiterten und so kam es, dass wir ihm am nächsten Tag einen Besuch abstatteten. Leider blieb dieser Besuch erfolglos, denn der gute Mann befand sich in einem Tauchurlaub in der Türkei und kein Mensch wusste, wann mit seiner Rückkehr zu rechnen war. Schnauze voll und Taschen leer zogen wir unverrichteter Dinge wieder ab und hatten nicht die geringste Ahnung, was wir machen können. Da wir ja inzwischen an die Bank zahlten hatten wir die Hoffnung, dass wir von dort Hilfe bekommen könnten, doch der „freundliche" Immobilienverwalter der Bank lächelte nur und teilte uns mit, dass das die Bank nichts anginge und wir uns um eine andere Lösung kümmern müssten. Wir beschlossen, uns um ein anderes Objekt zu kümmern und schnellstmöglich umzuziehen, da wir inzwischen wirklich Angst in dem Haus bekamen. Nicht alleine die Tatsache, dass der Putz sich zwanglos von der Wand befreit hatte, sondern auch das Gutachten eines Bausachverständigen beunruhigten uns aufs Äußerste. Der Baugutachter war von uns beauftragt und bezahlt worden, weil wir im oberen Flur einen Fleck an der Wand hatten, der sich weder mit Farbe, noch mit einem Antipilz-, oder Antischimmelmittel entfernen, oder überdecken ließ. Der Baugutachter hatte Proben genommen und uns Mitgeteilt, dass es sich um eine Form des Hausschwamms handelte, der bei Menschen zu Haut- und Lungenkrebs führen kann und als Asthmaauslöser bekannt ist. Der Gutachter schrieb in seinem Abschließenden Gutachten, dass er eine sofortige Räumung des Hauses empfiehlt, weil der Hausschwamm bereits so weit fortgeschritten, dass nur eine Entfernung des gesamten Putzes und eine Behandlung des blanken Mauerwerks das weitere Fortschreiten eindämmen kann. Die Kosten bezifferte der Gutachter auf circa 30000 €. Wir hatten die Nase voll und starteten eine intensive Suche nach einem Ausweichobjekt. Wir besichtigten ein Haus nach dem Anderen und eine Wohnung nach der Anderen, aber ohne großen Erfolg. Entweder waren die Häuser und Wohnungen zu teuer, oder zu klein, oder der Vermieter wollte keine Kinder oder, oder, oder. Auch vom Amt konnten wir keine Wohnung bekommen, denn wir arbeiteten ja beide und wir verdienten genug um nicht auf eine Sozialwohnung angewiesen zu sein und erschwerend kam hinzu, dass uns ja bereits ein Teil des Hauses in dem wir wohnten gehörte. Für uns war die Lage aussichtslos, denn in dem Haus in dem wir waren konnten und wollten wir nicht bleiben und ein anderes Haus oder eine Wohnung fanden wir nicht. In einem Radius von 80 km um unsere Arbeitsplätze hatten wir alles abgesucht, aber ohne Erfolg. Wir beschlossen, uns erneut mit der Bank auseinander zu setzen um zu sehen, wo wir standen. Wir packten alle unsere Quittungen zusammen und unseren

Vertrag, den unser Vermieter uns seinerzeit gegeben hatte und machten einen Termin. Wir hatten die Hoffnung, dass die Bank uns den Teil des Hauses wieder abkauft, den wir bereits erstanden hatten und wir mit diesem Geld einen Grundstock für ein anderes Haus hätten. Laut unseren Berechnungen hatten wir zu diesem Zeitpunkt eine Summe von ca. 32000 € in das Haus investiert und wir rechneten mit einer Summe von ca. 19000 € die wir von der Bank zurückbekommen könnten. Unsere Erwartungen wurden jäh ernüchtert, als uns die Bank mitteilte, dass wir zwar ausziehen könnten, aber keine Ansprüche an die Bank hätten. Alle Ansprüche die wir hatten richteten sich gegen unseren sogenannten Vermieter, der aber inzwischen selbst so tief in den Schulden steckte, dass man uns tunlichst davon abriet gegen ihn zu klagen, weil wir hier gutes Geld an schlechtes verschwenden würden. Unser Geld war weg und einen Gegenwert hatten wir auch nicht. Wir wandten uns dann hilfesuchend an den Mieterschutzbund, doch auch dort konnte man uns nur sagen, dass wir kein Geld sehen würden. Über meinen Arbeitgeber machte ich dann eine Schufaabfrage unseren Vermieter betreffend und diese bestätigte dann auch was wir bereits wussten, nämlich dass nicht ein Pfennig bei ihm zu holen war. Wir rechneten und rechneten und kamen dann zu dem Entschluss, dass wir vielleicht mit der Bank einen Deal machen könnten der beiden Seiten gerecht wird. Unsere Idee war, dass die Bank uns das Haus verkauft und wir ein Darlehen bei der Deutschen Bank für die Finanzierung des Hauses aufnehmen. Somit hätten wir ganz offiziell das Haus auf unserem Namen gehabt und wir hätten die Möglichkeit gehabt, das Haus zu verkaufen und unser Geld auf diesem Wege wieder zu erlangen. Die Bank hätte diesem Vorschlag auch zugestimmt, wenn wir die bereits bezahlten 22000 € als Barbetrag gehabt hätten. Da diese 22000 € allerdings offiziell an unseren Vermieter geflossen waren, bzw. von seinen Schulden getilgt worden waren stand uns dieses Geld nicht zur Verfügung und unser Vermieter hatte das Geld nicht um es an uns auszuzahlen. Die Katze biss sich also in den Schwanz. Wie wir uns drehten und wendeten, wir waren angeschmiert. Uns blieb keine andere Wahl, als in dieser Ruine zu bleiben, unsere Gesundheit zu ruinieren und unser schwer verdientes Geld zu investieren. Michael litt zu dieser Zeit bereits an einem Husten, den der Arzt auf den Hausschwamm zurückführte, Vicky und Franzisca litten an Allergien, Nicole hatte auch ständig mit Hautausschlägen zu kämpfen und ich war mit den Nerven am Ende. Nach Abzug alle Kosten blieben uns etwa 160 € im Monat zum Leben, was sich als äußerst wenig für 5 Personen erwies und was zu Spannungen in der Familie führte. Glücklicherweise hatte ich mit für meine Firma einen Vertrag mit einem Hersteller für Getränkeflaschenverschlüsse geschlossen und bekam jede Woche 80 Flaschen Energiedrink kostenlos von dieser Firma um die neuen Verschlüsse zu testen für meinen Eigenbedarf. Ein Vertrag mit einem Nudelhersteller brachte mir 2 mal im Monat eine 15 kg Tüte Nudeln ein und das Futter für meine Hunde bekam ich zum Herstellungspreis von einem Tierfutterhersteller in dessen Unternehmen ich 10 Mitarbeiter eingesetzt hatte. Da wir weiterhin dazu verdonnert waren, in der Bauruine zu leben entschlossen wir uns dazu, den Schaden im Wohnzimmer zu beheben und die Wand neu zu verputzen. Wochenlang hatten wir das Wohnzimmer jetzt nicht genutzt und so legten wir ein Wochenende fest, an dem zwei meiner Mitarbeiter kamen und uns halfen, den Schaden zu beseitigen. Einer der Mitarbeiter war gelernter Maler und Lackierer und der andere Mitarbeiter war gelernter Trockenbauer. Unser Trockenbauer schaute sich den Schaden an und erklärte uns, dass es mit dem Außenputz zu tun hätte, weil dieser die Feuchtigkeit ins Mauerwerk ziehen würde und durch diese Feuchtigkeit hätte der Innenputz keinen Halt auf der Wand und würde sich immer wieder lösen. Da wir das nötige Kleingeld nicht hatten um den Schaden richtig zu reparieren entschlossen wir uns, einfach neuen Putz aufzubringen und das Wohnzimmer anschließend zu streichen. Ein ganzes Wochenende haben wir dann verputzt, geputzt und gestrichen. Am Sonntagabend war das Wohnzimmer fertig und wieder bewohnbar. Nun, da das Wohnzimmer wieder in einem anständigen Zustand war glaubten wir, eine Weile Ruhe zu haben, aber da hatten wir uns getäuscht. Unser nächsten Schock kam, als wir feststellten, dass vom Nachbargrundstück Ratten kamen. Unsre Nachbarn hatten ihren Komposthaufen am Zaun zu unserem Grundstück gebaut. Leider entsorgten diese Nachbarn nicht nur Gartenabfälle im Kompost, sondern auch Fleischreste und Essensreste, was zu einem massiven Rattenproblem führte. Wir hatten nicht die geringste Ahnung, aber wir wussten, dass wir etwas tun mussten und so kauften wir Rattengift. Da wir Hunde hatten musste das Rattengift so ausgelegt werden, dass die Hunde nicht heran kamen. Eimerweise haben wir dann Rattengift ausgelegt, aber die Plage blieb. Gespräche mit den Nachbarn brachten nichts und so blieb uns keine Wahl, als weiter Rattengift zu legen und zu versuchen, die Ratten im Zaum zu halten. Nach 3

Monaten hatte ich die Nase so voll, dass ich mich an einen Schädlingsbekämpfer wandte, der mir dann sagte, dass Ratten ein langwieriges Problem wären und es eine ganze Stange Geld kosten würde, diese Plage endgültig zu beseitigen. Ich war am Ende mit den Nerven und mit meinem Latein. Ich wollte nur noch weg. Eines Abends im Bett sagte ich dann zu Michael, dass ich am liebsten meine sieben Sachen packen und ganz weit wegfahren würde. Michael versuchte mich zu beschwichtigen, aber es half nichts. Am nächsten Morgen bin ich dann zur Arbeit gefahren und wie es der Teufel wollte lief auch hier alles schief, was schief laufen konnte. Ich war am verzweifeln und bat meine Geschäftsleitung um eine Auszeit. Zunächst wurde mir von der Geschäftsleitung eine Veto eingelegt, aber nach langen Diskussionen und breiten Erklärungen stimmte man einem Kurzurlaub von 7 Tagen zu. Ich rief sofort Michael auf der Arbeit an und bat ihn, auch seinen Chef um Urlaub zu bitten. Michaels Chef stimmte sofort zu und weil noch Ferien waren konnten wir am nächsten Morgen losfahren. Unser Ziel war Schottland, denn dort hatten wir Freunde und dort konnten wir abschalten. Um 7 Uhr am nächsten Morgen saßen wir im Auto. Ein Freund hatte versprochen, dass er sich um die Hunde kümmern wollte, also war auch das Problem gelöst. Wir fuhren den ganzen Tag durch bis nach Calais und nahmen die Nachtfähre nach Dover. In Dover angekommen schliefen wir ein paar Stunden im Auto und fuhren dann weiter bis Lanark. Als wir in Lanark ankamen wollten wir nur noch was zu essen und ein Bett. Da wir 5 Personen waren, hatten unsere Freunde nicht genug Platz für alle und so mieteten wir uns in der Jugendherberge ein. An diesem Tag gab es nur noch Fish und Chips, Dusche und Bett. Am nächsten Morgen sind wir dann zu Haus unserer Freunde gefahren, aber leider waren beide bei der Arbeit und so zogen wir es vor, den Tag in Lanark zu verbringen und uns Geschäfte anzusehen. Als wir die Highstreet hinunter liefen stoppten wir vor einem Maklerbüro, wo ein Haus zur Miete angeboten war. Michael und ich schauten uns an und sagten gleichzeitig, dass das genau das Haus für uns wäre. Eigentlich wollten wir ja nur nach dem Preis fragen, aber plötzlich hatte die Dame den potenziellen Vermieter am Telefon und vereinbarte einen Besichtigungstermin. Wo wir schon mal den Termin hatten, da wollten wir auch das Haus anschauen und so fuhren wir zu dem Haus. Der Vermieter war ein Bauer und das Haus befand sich auf dem Gelände eines Bauernhofes. Es war ein Neubau, der wie für uns gemacht war. Die Miete war super günstig und wir unterschrieben den Mietvertrag, ohne uns Gedanken zu machen. Das war am Dienstag dem 15. Juli 2003. Ohne Job, ohne Plan und ohne viel Geld standen wir da und hatten einen Mietvertrag für ein Haus in Schottland unterschrieben in der Tasche. An diesem Abend haben wir dann unsere Freunde besucht und ihnen berichtet, dass wir am 1. August nach Schottland umziehen würden. Unsere Freunde dachten, dass wir Witze machen und glaubten kein Wort, bis wir ihnen den Mietvertrag unter die Nase hielten. Über Arbeit und Geld machten wir uns wenige Gedanken, denn wir wussten, dass Elektriker in Schottland immer gesucht werden und auch dass ich sofort eine Arbeit haben könnte, weil meine Freundin Una als Krankenschwester die besten Beziehungen hatte. Unser Urlaub ging noch bis zum Sonntag und so nutzten wir die restlichen Tage, um uns umzuschauen, wie der

Arbeitsmarkt in Schottland ausschaut. Mit vielen Informationen im Gepäck fuhren wir dann Samstags zurück Richtung Dover und nahmen die Nachtfähre nach Calais. Wieder fuhren wir die gesamte Strecke in einem Rutsch durch und so kamen wir Sonntags am 20. Juli wieder in Eisenberg an. In unseren 4 Wänden schauten wir uns um und stellten uns erstmals die Frage, wie wir das alles bewerkstelligen wollten und mit welchem Geld.

Kapitel 11

Noch am Sonntag schmiedeten wir Pläne und stellten eine Liste von Dingen zusammen, die wir nicht mitnehmen wollten. Montags sind Michael und ich dann zur Arbeit gefahren, um unsere Geschäftsleitungen um Aufhebungsverträge zu bitten. Nach langem Hin und Her haben wir dann unsere Aufhebungsverträge bekommen und konnten uns an die Arbeit machen unseren Kram zu packen.

Zwei Wochen vor unserem Kurzurlaub hatten wir uns ein neues Schlafzimmer gekauft, welches wir nicht mal ausgepackt hatten und welches noch in der Verpackung in der Garage stand. Das Schlafzimmer musste mit, beschlossen wir. Töpfe, Pfannen und Geschirr musste auch mit und unsere Papiere und Unterlagen mussten auch mit. Jetzt galt es Klamotten und Kindersachen auszusortieren. Binnen 3 Tagen hatten wir alle Dinge, die wir mitnehmen wollten in einem Raum zusammengetragen, aber immer noch keinen Plan, wie und mit welchem Geld wir diesen Umzug machen wollten. Unsere nächste Idee war dann ein Hausflohmarkt. Alles musste verkauft werden und alles Geld sollte in den Umzug fließen. Wir organisierten eine Haushaltsauflösung und wir spielten einen recht guten Betrag ein. Noch während ich weitere Dinge verkaufte zog Michael los um einen Transporter zu finden. In den späten Abendstunden des 5. Tages kam Michael mit einem Citroen C 25 auf den Hof gefahren. Stolz wie Oskar präsentierte mir mein Mann unser Umzugsmobil. Ich hatte an diesem Tag auch noch meinen Ford Escord Cabriolet verkauft, der mir ebenfalls eine gute Summe eingebracht hat. Nun galt es, den C 25 zu beladen. Ein Freund half uns dabei, denn dieser Freund hatte bei einer Spedition gearbeitet und wusste genau wie man die Fläche des Transporters bestmöglich nutzen konnte. Bis zum 27. 07. 2003 war alles verstaut und gepackt und das Haus leer. Wieder versuchten wir unseren Vermieter zu erreichen, aber wieder ohne Erfolg, weil er sich zu dieser Zeit auf einem Motorradtrip in der Sahara befand. Da wir wussten, dass wir unser Geld nie wieder sehen wollten wir am 28. 07. 2003 nur noch zur Bank um dort eventuell eine Einigung mit dem Immobilienberater zu erreichen und vielleicht eine kleine Summe von dort zu bekommen. Am Montag fuhren wir dann zur Deutschen Bank, aber außer einer Unterschrift, dass wir aus dem Mietvertrag raus waren bekamen wir nur einen warmen Händedruck. Unsere Konten behielten wir, denn es kam sowohl von Michael, als auch von mir noch einmal Gehalt von unseren Arbeitgebern. Nachdem all das erledigt war wollten wir eigentlich losfahren, aber da machte uns Nicole einen Strich durch die Rechnung. Sie hatte sich in einen meiner Mitarbeiter verliebt und wollte unbedingt, dass dieser mit uns nach Schottland kommt. Michael und ich waren strikt dagegen, aber Nicole probte den Zwergenaufstand und kündigte uns an, dass sie ohne Sascha nicht ins Auto einsteigen würde und dass sie weglaufen wollte, wenn er nicht mitkäme. Er hatte weder Klamotten, noch Geld, aber er musste mit. Michael und ich beratschlagten uns und wir beschlossen ihn mitzunehmen, wenn er seine Kosten übernehmen würde. Ungalublicherweise schaffften er und Nicole es tatsächlich die Summe von 1800 € aufzutreiben, damit er mitkommen konnte. Gegen 14 Uhr am 28.07.2003 fuhren wir los Richtung Calais. Unsere Fahrt endete dann zum ersten

Mal in Enkenbach-Alzenborn, denn dort platzte der Reifen unseres Transporters hinten links. Raus auf den Rastplatz und Reifenwechsel. Glücklicherweise hatten wir für den Transporter 2 Ersatzreifen und diese waren auch so eingepackt, dass man sie ohne zu große Umladeaktionen erreichen konnte. Nach einer knappen Stunde war der reifen gewechselt und wir beschlossen, ab sofort nicht schneller als maximal 90 km/h zu fahren um die Reifen zu schonen und den Spritverbrauch gering zu halten. Wir kamen dann bis Merzig und dort verabschiedete sich dann der rechte Hinterreifen des Transporters mit einem lauten Knall. Übung macht den Meister und diesmal war der Reifen schon nach 45 Minuten gewechselt. Weiter ging es nach Luxemburg, wo die Tanks beider Autos bis zum Rand gefüllt wurden und wir uns mit Zigaretten eindeckten. Als es langsam dunkel wurde machten wir eine Pause und fuhren dann weiter Richtung Frankreich. Irgendwo im Nirgendwo in der Französischen Pampa haben wir uns dann eine Runde verfahren und es kostete uns 1 Stunde um wieder auf den rechten Weg zu gelangen. Leider fing dann der Transporter an zu spinnen und zwang uns auf einem französischen Rastplatz anzuhalten. Es stellte sich heraus, dass ein Dieselfilter komplett verschmutzt war und dass der Transporter massiv Öl verbrannte. Ich fing an zu beten, dass der C 25 doch bitte halten möge, bis wir in Schottland wären, aber Michael zweifelte. Bis Calais spuckte der Citroen schwarze Brühe aus dem Auspuff und es war unmöglich hinter dem Transporter herzufahren, weil binnen Sekunden die Scheibe meines Autos von einem schwarzen Ölfilm überzogen war und eine Weiterfahrt unmöglich machte. Wir beschlossen, dass ich mit meinem Sierra vorne fahre und Michael mit dem Transporter hinter mir fahren sollte. Für den Notfall hatten wir unsere Handys und so ging es weiter bis zur Fähre. In Calais angekommen lösten wir unsere Tickets und reihten uns in die Warteschlangen ein, wo wir zwei Stunden Zeit zum schlafen hatten, bevor es aufs Schiff ging. Nach endlosen zwei Stunden gab der Lademeister grünes Licht und die ersten PKW und Transporter konnten auf die Fähre auffahren. Auch die Reihe in der unsere Transporter stand wurde eingewiesen, aber leider ohne unseren Transporter, denn der sprang einfach nicht an. Alle anderen Transporter fuhren an unserem vorbei und Michael versuchte krampfhaft den C 25 zu starten. Nach dem bereits weitere 6 Reihen an PKW und Transportern auf das Schiff aufgefahren waren startete auch endlich unser Umzugsmobil und Michael raste förmlich aufs Schiff, dass auch ja nichts mehr schief gehen konnte. Ich musste mit dem PKW noch eine Weile warten und durfte dann mit der letzten Reihe an Autos aufs Schiff. Wir hatten uns alle abgesprochen, dass wir uns im Restaurant auf dem Schiff treffen wollten um dann was warmes zu essen. Bereits auf dem Weg vom Parkdeck nach oben ins Restaurant verspürte ich ein Kribbeln in der Magengegend und ich wusste, dass es mir schlecht werden würde. Das Schiff hatte zwar noch nicht abgelegt, aber das monotone Schwanken war schon deutlich zu spüren. Ich torkelte bereits bedächtig ins Restaurant, aber ich hatte mir vorgenommen etwas zu essen, weil das ja angeblich die Seekrankheit vertreiben soll. Nicole, Sascha, Vicky und Franzisca setzten sich an einen Tisch und Michael und ich gingen zur Theke um etwas zu essen zu bestellen. Wir entschieden uns für 4 normale und 2 Kinderteller mit Fish und Chips. Als das Essen auf dem Tisch stand verspürte ich den unbändigen Drang, meinen Mageninhalt in Augenschein nehmen zu müssen und rannte zur Toilette. Ich verbrachte die gesamte Überfahrt auf der Toilette und Michael, Nicole und Sascha teilten sich meine Portion. Als wir in Dover anlegten war mein Magen leer, mein Hals schmerzte und in meinem Kopf drehte sich alles. Wir hatten uns abgesprochen, dass wir uns gleich hinter der Fähre auf dem Rastplatz treffen wollten um dort ein paar Stunden zu schlafen und dann in den frühen Morgenstunden weiter zu fahren. Da ich mit meinem PKW als eines der letzten Autos aufs Schiff gefahren war, bedeutete dies, dass ich als eines der ersten Autos vom Schiff musste. Mit meinem Sierra lief alles glatt und ich wartete wie abgesprochen auf dem Rastplatz. Nach einer Stunde kamen dann die ersten Transporter aus dem Terminal und ich glaubte, dass auch unser Transporter bald kommen müsste. Weit gefehlt, denn nachdem alle Transporter außer unserem aus dem Terminal ausgefahren waren kamen nun die LKW vom aus dem Terminal. Weit und breit keine Spur von unserem C 25. Der Verkehr im Terminal war inzwischen soweit abgeflaut, dass ich vom Platz wo wir standen sogar die Laderampe des Schiffes sehen konnte und da tat sich nichts. Keine Auto, kein LKW und kein Transporter kam mehr vom Schiff. Ich wählte Michaels Handynummer, aber sein Handy hatte kein Netz, was mir wiederum sagte, dass er noch im Schiff sein musste. Nach unendlich langer Zeit hörte ich das Knallen von Fehlzündungen und ich sah, dass die hell erleuchtete Laderampe des Schiffes sich mit schwarzem Nebel füllte. Ich konnte mir ein Grinsen nicht verkneifen, als ich den Transporter auf der Laderampe sah und die 3 Männer vom Fährpersonal, die hinter dem Transporter herliefen, als wollten sie sicher gehen, dass Michael mit der Karre auch wirklich von Bord geht. Michael und der Transporter mussten noch durch den Zoll, was aber recht flott ging und dann parkte er neben meinem Sierra ein und wir legten uns alle zum Schlafen. Michael und Sascha schliefen im C25 und Nicole, die kleinen Mädels und ich schliefen im Sierra. Wir erwachten, als die ersten Sonnenstrahlen ins Auto fielen. Ein Blick auf die Uhr sagte mir, dass es 6 Uhr war. Ich weckte Nicole und die kleinen Mädels und wir machten uns auf in den Waschraum der Raststätte um uns ein paar Tropfen Wasser ins Gesicht zu spritzen und die Zähne zu putzen. Auf dem Rückweg zum Auto nahmen wir 4 Kaffee und 2 heiße Schokoladen aus dem Automaten mit. Michael und Sascha waren inzwischen auch erwacht und machten sich dann ebenfalls auf zum Waschraum. Als wir unseren Kaffee getrunken hatten besprachen wir, wie die Reise nun weiter geht. Wir entschlossen uns, noch ein Stück zu fahren und dann an einer Little Chef Station nach dem Londoner Ring zum Frühstück anzuhalten. Jetzt galt es, den C 25 zum Laufen zu bringen. Beim ersten Dreh des Zündschlüssels startete die Karre, was Michael so sehr überraschte, dass er den Schlüssel wieder zurück drehte und den Motor wieder ausmachte. Auch der zweite Dreh am Schlüssel startete den Wagen sofort und so fuhren wir los Richtung London Orbital. Der C 25 lief wie ein Uhrwerk und wir waren erstaunt, dass nach all den Problemen, die der Wagen gemacht hatte jetzt alles so glatt lief. Wir fuhren schön gemütlich mit 80 km/h und machten unsere Pause bei Little Chef wie besprochen. Nach einem ausgiebigen Frühstück ging es weiter und in Nottingham fuhren wir dann von der Autobahn ab um uns in einem Supermarkt etwas fürs Mittagessen zu holen. Alles klappte wie am Schnürchen und nachdem wir in der Sonne neben den Autos etwas gegessen hatten ging es wieder auf die Autobahn Richtung Norden. Wir lagen hervorragend in der Zeit und wären sogar fast zwei Stunden früher in Lanark gewesen als geplant, wenn alles so weiter gelaufen wäre. Es kam die Autobahnabfahrt Carlisle und nur 100 m hinter der Ausfahrt passierte es. Ich fuhr gerade hinter dem C 25, als plötzlich ein paar kleine schwarze Partikel durch die Luft wirbelten und der Citroen zu schlingern begann. Michael lenkte sofort gegen und bremste den Wagen vorsichtig ab. Als der C 25 wieder halbwegs stabil in der Spur war lenkte Michael auf die Standspur und hielt an. Ich fuhr mit dem Sierra am Transporter vorbei und hielt vorne an. Der Hinterreifen rechts war geplatzt, was eigentlich kein Problem gewesen wäre, wenn wir noch einen Ersatzreifen gehabt hätten. Michael öffnete die Ladefläche und gab mir eine der Felgen mit einem der anderen geplatzten Reifen und bat mich, nach Carlisle zu fahren und einen Reifen zu kaufen. Ich lud das Rad in den Sierra und fuhr los. Nach 20 Minuten kam die nächste Abfahrt und ich fuhr dann das ganze Stück zurück um in Carlisle abzufahren. In Carlisle hatte ich recht schnell eine Tankstelle gefunden, aber dort sagte man mir, dass es nur einen Reifenhandel in Carlisle gäbe, aber dass der bereits geschlossen wäre. Ich fragte nach einem Notdienst, oder einer Werkstatt, aber alles war bereits geschlossen und so blieb uns nur ein Abschleppwagen. Die Dame in der Tankstelle rief dann alle Abschlepper der Gegend an, aber keiner wollte uns abschleppen, weil wir keine Kreditkarte hatten. Bargeld interessierte sie nicht, sie wollten eine Kreditkarte. Nach fast einer Stunde fand die

Dame in der Tankstelle dann ein Unternehmen, welches sich auf Barzahlung einließ. Ich fuhr zur Autobahn und Michael erzählte mir, dass die Polizei bereits da war. Der Abschleppwagen war auf dem Weg und kam auch nach fast einer Stunde um den Transporter aufzuladen. Der Fahrer hatte uns etwas von einem Reifen erzählt, den er abholen müsste, aber er müsste zuerst den Transporter von der Autobahn bringen und abladen. Brav fuhr ich mit dem PKW hinter den Abschleppwagen her und an einem Supermarkt hielten wir an und der Transporter wurde auf dem Parkplatz des Supermarktes abgeladen. Der Fahrer des Abschleppers kassierte 350€ von uns und fuhr davon, angeblich um einen Reifen zu holen. Als er nach einer Stunde noch nicht zurück war gingen wir in den Supermarkt um ins etwas zu Essen zu holen. Nach weiteren 3 Stunden kam der Fahrer immer noch nicht zurück und so war uns klar, dass er auch nichtmehr kommen würde. Wir waren gefrustet und beschlossen, die Nacht im C 25 und im Sierra zu verbringen und am nächsten Morgen einen Reifen beim Reifenhändler zu holen. Um den Frust zu ertränken kauften wir im Supermarkt ein paar Dosen Bier. Mittlerweile war es kurz vor 22 Uhr und der Supermarkt schloss um 22 Uhr. Um 22:15 Uhr kam aus dem Supermarkt ein Mann auf uns zugelaufen und forderte uns auf, den Parkplatz zu verlassen. Wir versuchten dem Herrn klar zu machen, dass wir dies gerne tun würden, wenn wir einen Reifen hätten. Der Mensch schien unbeeindruckt und bestand darauf, dass wir unsere Fahrzeuge vom Parkplatz fahren sollten. Wieder erklärten wir ihm, dass dies mit einem platten Reifen unmöglich wäre. Der Kerl wurde richtig wütend und schrie und tobte herum, was aber an unserer Haltung nichts änderte. Mich persönlich erinnerte der Typ an einen Giftzwerg, denn mit seinen knapp 1.65 m konnte er nicht wirklich bedrohlich wirken und dies schien auch ihm klar zu werden. In seiner rasenden Wut wusste er sich plötzlich nichtmehr zu helfen und rief von seinem Handy die Polizei zu Hilfe. Da wir nichts verbrochen hatten beeindruckte uns auch dies nicht und wir warteten bei einer Dose Bier auf das Eintreffen des „Überfallkommandos". Es dauerte nur eine knappe Stunde, bis die Herren von der Streife in einem lustigen Auto mit blauer Beule auf dem Dach eintrafen. Die Polizisten verstanden unser Problem sofort und gestatteten uns auf dem Parkplatz die Nacht zu verbringen. Sie befahlen uns sogar die Autos nicht zu bewegen, weil wir ja „Bier" getrunken hatten. Zwischenzeitlich erschien auch der Giftzwerg wieder und seine Laune wurde nicht besser, als die Polizei ihm mitteilte, dass wir die „staatliche Erlaubnis" zur Übernachtung auf dem Parkplatz des Supermarktes hätten. Wutschnaubend und schimpfend zog der Giftzwerg ab und fuhr wenig später davon. Die beiden Polizisten standen noch eine halbe Stunde bei uns, unterhielten sich mit uns und rauchten eine Zigarette mit, obwohl sie dies im Dienst eigentlich nicht durften.

Am nächsten Morgen um 8 Uhr standen wir beim Reifenhändler und dieser zog uns für 35 € (weil unsere britischen Pfund aufgebraucht waren und wir nur noch € hatten) einen neuen Reifen auf unsere Felge. Der Reifen war dann schnell gewechselt und wir machten uns auf die letzte Etappe unserer Fahrt.

Kapitel 12

Gegen Mittag waren wir dann bei Una und Gordon und konnten uns zunächst erstmal duschen und etwas anständiges essen. Den Abend verbrachten wir dann mit vielen Freunden und mit ein paar Gläsern Wein, ehe wir uns in Una und Gordons Wohnzimmer ein Lager bereiteten und einschliefen. Am nächsten morgen fuhren wir dann zum neuen Haus um unser Hab und Gut auszuladen und in unser neues Haus einzuziehen.

Das Ausladen ging schneller als wir gedacht hatten und während Michael die Autos ordentlich parkte und ich etwas zu kochen begann trudelten nach und nach Freunde ein um sich ein Bild von unserem neuen Heim zu machen. Wir hatten ein Doppelbett, 3 Nachtschränkchen, einen Wohnzimmerschrank, eine Stereoanlage, einen Fernseher, zwei Computer und eine komplette Küche mit Ofen und Waschmaschine, keinen Tisch und keine Stühle und erst recht keine Wohnzimmereinrichtung.

Unsere Freunde beschlossen, dass ich das Kochen sein lassen sollte und wir stattdessen ein Grillfest in unserem neuen Heim abgehalten werden sollte. Michael und ich schauten uns an und versuchten den Freunden zu erklären, dass wir weder Stühle, noch Tische und schon gar keinen Grill hätten. Unsere Freunde beratschlagten kurz und dann zogen alle ihre Handys aus den Taschen und begannen geschäftig zu telefonieren. Keiner von uns Deutschen hatte eine Ahnung, was da vor ging und wir standen da, wie die Kuh wenn's donnert. Liz, eine alte Freundin zog mich zu sich und erklärte mir, dass wir jetzt zum Supermarkt fahren um einzukaufen. Ehe ich mich versehen konnte saß ich in ihrem Ford Ka und wir waren auf dem Weg zum Supermarkt, wo Liz dann für die

Fütterung einer Kleinstadt einkaufte. 10 kg verschiedene Steaks und 30kg Würstchen und Burger landeten im Einkaufswagen. Ein Zwischenstopp am Brotregal und im Wagen landeten 10 Pakete mit jeweils 18 Brötchen. Senf, Ketchup und diverse Soßen kamen dann im nächsten Gang dazu und kurz vor der Spirituosenabteilung schickte mich Liz raus um einen weiteren Wagen zu holen, der dann sofort mit Bier und Wein gefüllt wurde. Liz und ich schoben die Wagen zur Kasse und Liz bestand darauf, dass sie alles bezahlte und dieses Fest ihr Geschenk zu unserem Einzug wäre. Ich machte mir immer noch Gedanken, wo wir grillen und vor allem, wo wir sitzen wollten, aber Liz beruhigte mich und meinte, dass wir auf dem Hintern sitzen und auf dem Feuer grillen. Auf dem Weg zurück machte Liz einen kleinen Umweg zu ihrem Haus, wo sie zunächst aus ihrem Kühlschrank einige Gemüse und Salate mitnahm und anschließend aus ihrer Garage einen Tisch und 4 Stühle einpackte. Als wir dann bei unserem Haus ankamen standen dort so viele PKW in der einfahrt, dass Liz den Ka auf dem Zufahrtsweg parken musste. Alle Leute, die mich aus früheren Jahren und meinen diversen Urlauben in Schottland kannten waren angekommen und jeder hatte etwas dabei. Gordon hatte einen riesigen Grill, den er selbst gebaut hatte gespendet und bereits aufgebaut. Andere Freunde hatten eine schwarze Ledercouch, die sie eigentlich verkaufen wollten mitgebracht und in unserem Wohnzimmer aufgestellt. Una hatte einen Doppelfuton aus ihrem Gästezimmer gespendet und wieder andere Freunde hatten einen Schaukelstuhl und diverse Sofakissen dabei. Alles in allem war unser Haus an diesem Abend voll möbliert, obwohl wir mit fast nichts kamen. Wir waren überwältigt von der

Hilfsbereitschaft die wir hier erlebten. Es wurde ein wunderschönes Grillfest und wir haben unseren Einzug nonstop von Freitagabend bis Sonntagabend gefeiert. Am Montag sind wir dann gemeinsam nach Lanark gefahren um uns beim Jobcentre anzumelden und unsere National Insurance Nummer zu beantragen. Michael und ich hatten von Deutschland unsere Bescheinigungen, dass wir für 3 Monate im Ausland Anspruch auf Arbeitslosengeld hatten und so lief dies gleich an und wir waren abgesichert. Sascha hatte nichts in der Hand, aber er hatte versprochen, sich sofort um Arbeit zu kümmern. Nicole sollte ins College gehen und sie füllte ihre Anträge gleich beim Jobcentre aus. Dienstags ist Michael dann mit Sascha nach Edinburgh gefahren um dort bei Roulion, einer Zeiarbeitsfirma nach Arbeit zu fragen. Nicole und ich blieben mit Vicky und Franzisca im Haus und putzten und arrangierten Möbel. Als Michael und Sascha zurück kamen berichtet uns Sascha, dass Roulion ihn anrufen würde und dass er vielleicht bald anfangen könnte. Wir stimmten zu, dass er für 2-3 Wochen bei uns bleiben könnte und wir ihn mitversorgen würden, bis er eine Wohnung und Arbeit hätte.

Kapitel 13

Eine Woche später musste Michael zurück nach Deutschland fliegen, weil es diverse Probleme mit der Bank gab und diese es nicht auf die Reihe bekam, unser Geld auf unser Konto in Schottland zu überweisen. Una buchte uns ein Ticket für Michael mit Ryanair und Michael flog Mittwochs nach Deutschland und kam Freitags zurück. In diesen drei Tagen machte Sascha mir das Leben zur Hölle, denn er wollte ständig Zigaretten und meine Bitte, dass er sich um Arbeit kümmern sollte verhallte im Nichts. Am Donnerstag gab es einen Riesenkrach, weil ich Sascha kein Geld geben wollte und er mich anschrie, er wollte Zigaretten haben und ich hätte ihm gefälligst Geld zu geben. Sascha hatte sein Geld bereits völlig aufgebraucht und ich musste mit dem Geld, was wir noch hatten haushalten, denn wir wussten nicht, wie lange die Sache mit unserem Arbeitslosengeld aus Deutschland dauern würde. Da Michael auch noch nicht zurück war konnte ich auch noch nicht mit dem Geld rechnen, das Michael aus Deutschland mitbrachte und so verweigerte ich ihm Geld für Zigaretten.
Das erste, was Michael dann bei seiner Rückkehr zu hören bekam, war dann, wie böse ich doch wäre und dass ich Sascha kein Geld für Zigaretten gegeben hatte. Michael gab mir Recht, was zu weiteren Streitigkeiten führte. Am nächsten Morgen setzten wir uns zusammen und versuchten Sascha klar zu machen, dass er sich um Arbeit kümmern müsste, weil wir es uns finanziell nicht leisten konnten, ihn länger als notwendig durchzuschleppen. Sascha versprach, sich um Arbeit zu kümmern und wir gaben ihm nochmals 20 britische Pfund für Zigaretten.

Die kommende Woche setzte sich Sascha wieder nur an den Tisch und ließ den lieben Gott einen guten Mann sein. Arbeitssuche war Fehlanzeige, denn seine Prioritäten lagen im Schnorren und Fernsehen. Am nächsten Wochenende sprachen wir dann wieder über die Situation und seine Arbeit, und wieder versprach er etwas zu tun. Als wir am Sonntag wach wurden waren Nicole und Sascha weg und das Fenster im Wohnzimmer war offen. Wir dachten, die Beiden wären auf einem Spaziergang, aber es machte uns stutzig, dass sie offensichtlich nicht zur Tür, sondern zum Fenster hinaus waren. Wir warteten den ganzen Sonntag und versuchten auf Nicoles Handy anzurufen, aber das war aus und wir erreichten niemanden. Am Sonntag Abend riefen wir dann die Polizei, denn Nicole war noch nicht volljährig und wir wollten wissen, wo sie war. Die Polizei gab eine Suchmeldung raus und wir stellten fest, dass uns 50 Pfund fehlten und diverse Medikamente, die ich noch in Deutschland vom Arzt bekommen hatte. Die Polizei durchsuchte jeden Winkel der Farm und befragte Nachbarn und auch unsere Freunde. Keiner hatte sie gesehen und keiner wusste etwas über ihren verbleib. Montag, Dienstag und Mittwoch kam die Polizei und fragte, ob es etwas neues gäbe, aber es gab nichts. Ich hatte seit Sonntag nichtmehr geschlafen und war ein Nervenbündel. Ich war derart am ende mit den Nerven, dass Una, die auch jeden Tag kam um nach mir zu sehen, einen Arzt konsultierte. Der Arzt verschrieb mir dann zwar Schlafmittel, aber ich verweigerte die Einnahme und bleib weiter ohne Schlaf. Am Freitag als Una da war bin ich dann in der Küche zusammengebrochen und Una ließ mich liegen und schlafen. Sie saß die ganze Zeit da und passte auf, dass mir nichts passierte. Michael war jeden Tag unterwegs und fuhr die gesamte Gegend ab um nach Nicole zu suchen, aber auch ohne Erfolg. Als ich wach wurde war es bereits weit nach Mitternacht und Michael kam gerade von einer weiteren Suchfahrt zurück. Kurz nachdem Michael ins Haus gekommen war erschien die Polizei an der Tür. Man teilte uns mit, dass sie wüssten, wo Nicole sich aufhielt, aber dass man es uns nicht sagen könnte, weil Nicole nach schottischem Recht bereits volljährig wäre. Wir wollten wissen, wie es ihr ging und man versicherte uns, dass es ihr gut ginge und sie in einer sicheren Unterkunft wäre. Das beruhigte uns und wir schliefen die erste Nacht seit Tagen. Am nächsten Morgen sind wir dann nach Edinburgh zum Polizei Hauptquartier gefahren, denn der Polizist aus Lanark hatte uns gesagt, dass wir dort Auskunft bekommen würden. Die Polizisten dort waren sehr nett und gaben uns auch eine Adresse, aber Nicole hatte diese Adresse bereits verlassen und war wieder unauffindbar verschwunden. Wieder folgten Tage der Ungewissheit und schließlich erreichte uns ein Anruf von meinen Eltern, die uns von einer Telefonzelle berichteten, von der aus Nicole mit ihnen telefoniert hätte und wo sie Nicole auch zurückgerufen hätten. Sie gaben uns die Nummer und ich recherchierte, wo sich diese Telefonzelle befand. Binnen kurzer Zeit hatte ich den Standort der Telefonzelle gefunden. Meine Eltern warteten auf einen erneuten Anruf von Nicole und sie verabredeten mit Ihr eine Zeit am übernächsten Tag, zu der sie in der Telefonzelle sein sollte und zu der sie sie dann anrufen würden. Dann riefen meine Eltern uns an und teilten uns die Zeit mit. Wir brachten die Kinder zu Una und Gordon und postierten uns nahe der Telefonzelle und warteten.

Nicole und Sascha kamen auch zur vereinbarten Zeit. Wir gingen ruhig auf Nicole zu und sprachen sie an. Ohne Probleme ließ sie Sascha stehen und kam mit uns zum Auto und wir fuhren zu Una und Gordon. Bei Una und Gordon schüttete Nicole dann ihr Herz aus und sagte uns allen, dass sie bereits an selben Tag zurück wollte, aber dass Sascha sie gezwungen hatte bei ihm zu bleiben. Sie versprach, auf keinen Fall wieder abzuhauen und sie versprach auch, dass sie aufs College gehen wollte um dort eine Ausbildung zu beginnen.

Am nächsten Tag fuhren wir erneut zum Jobcentre und regelten alles, dass Nicole eine „Studentenbude" nahe am College bekommen sollte und dass sie für die Zeit ihres Studiums auch eine Art Bafög bekommen sollte. Nicole füllte alle Unterlagen aus und alles war in Butter. Wir fuhren heim und kochten was leckeres und anschließend schauten wir gemeinsam Kataloge und überlegten, was Nicole für ihre Studentenbude noch brauchte. Wir gingen spät ins Bett und freuten uns auf den nächsten Morgen, an dem wir uns eine dieser Wohnungen anschauen sollten.

Der nächste Morgen begann mit einem Schock, denn Victoria kam zu uns ins Schlafzimmer und weinte, weil ihr kalt war. Nicole war in der Nacht wieder zum Fenster raus geklettert und hatte Victoria ohne Decke liegen lassen. Wir waren am Ende mit unserem Latein und wussten nicht, was wir noch tun konnten. Wir riefen die Polizei an, doch die wussten bereits von Nicoles Verschwinden, denn sie hatte ihren Personalausweis vergessen und hatte sich an die Polizei gewandt, weil sie nach Deutschland wollte und dazu ihren Pass benötigte. Wir suchten den Personalausweis und fanden ihn neben dem Bett. Die Polizei kam und holte den Ausweis bei uns ab und wir stimmten zu, dass Nicole nach Deutschland ausreist um dann bei meinen Eltern zu leben.

Einige Tage später erhielten wir dann einen Anruf von meinen Eltern, die uns erzählten, dass Nicole in Deutschland ist und sich entschlossen hatte, bei ihrem Vater zu leben. Zunächst war dies ein Schock für mich, denn mir war klar, dass er sie nur aufgenommen hatte, um wieder eine Waffe gegen mich in der Hand zu haben, aber ich verdrängte den Gedanken und hoffte, dass ich falsch lag.

Wochen und Monate vergingen und wir hatten regen Telefonkontakt mit meinen Eltern und mit Patrick, die uns immer wieder berichteten, wie übel es um Nicole stand. Sascha hatte Nicole wohl in die Prostitution getrieben und laut Aussagen von Patrick nahmen Nicole und Sascha wohl auch Drogen. Bei ihrem Vater war sie inzwischen ausgezogen und mit Sascha hatte sie eine kleine Wohnung in Heusweiler. Durch Nicole bekam auch Patrick wieder verstärkten Kontakt mit seinem leiblichen Vater und so kam es, dass Patrick sich immer mehr von meinen Eltern entfremdete und es mit ihm rapide bergab ging. Binnen kurzer Zeit hatte Patrick seine Praktikumsstelle auf anraten seines Vaters aufgegeben und er trieb sich nur noch rum. Meine Eltern versuchten alles um Patrick wieder in die richtigen Bahnen zu lenken, aber es half nichts und Patrick zog zu seinem Erzeuger. Wochenlang war Patrick verschwunden, bis er sich eines Tages bei meinen Eltern meldete und berichtete, dass ihn sein Vater in eine Wohngruppe für schwer erziehbare Jugendliche gesteckt hatte. Patrick fühlte sich dort nicht wohl und traf sich wieder öfter mit meinen Eltern, aber auch mit Nicole, die ihm dann letztendlich den Floh ins Ohr setzte, dass er bei ihr und Sascha einziehen sollte. Patrick packte die Gelegenheit beim Schopf und wollte bei seiner Schwester einziehen, aber der Friede währte nicht lange und Sascha warf Patrick raus. Patricks leiblicher Vater war nicht bereit seinen Sohn aufzunehmen, aber er gab ihm einen Schlüssel für ein Gartenhaus, wo Patrick wohnen konnte. Eines Abends, als Patrick im Gartenhaus saß trat ein Mann ein, der Patrick aufforderte ihm die Schlüssel auszuhändigen und zu verschwinden. Patrick entgegnete, dass das Haus seinem Vater gehöre und er alles Recht hätte, sich hier aufzuhalten. Der Mann klärte Patrick aber dann auf, dass der Garten und das Haus ihm gehören und Patricks Vater das Gelände nur gepachtet hätte. Da die Pacht aber schon über einen sehr langen Zeitraum nicht bezahlt wäre hätte Patricks Vater kein Anrecht mehr auf den Garten und das Haus. Patrick stand wieder auf der Straße und schlief 3 Tage an Bushaltestellen. Durch einen Zufall fanden meine Eltern ihn eines Abends und nahmen ihn mit nach hause, wo er dann wieder langsam anfing ein geregeltes Leben zu führen.

Im Jahr 2006 entschloss sich Patrick dann zu uns nach Schottland zu kommen und sein Leben hier zu leben. Patricks Erzeuger versucht auch heute immer wieder Kontakt zu Patrick aufzunehmen, aber Patrick möchte nichts mehr von ihm wissen. Patrick hat inzwischen eingesehen, dass sein Vater ihn immer wieder in Schwierigkeiten gebracht hat. Nicole hat dies noch nicht eingesehen und sie glaubt noch immer den Lügen ihres Erzeugers, aber auch für sie wird der Tag kommen, an dem sie sieht, was wahr und was Lüge ist. Leider komme ich immer mehr zu der Annahme, dass sich die Geschichte wiederholt und auch meine Tochter eine Ehe führt, wie ich dies zwischen 1983 und 1988 getan habe. Ich kann Nicole nicht helfen, obwohl ich weiß, dass ihr Leben die Hölle ist. Sie hat sich entschlossen dieses Leben zu leben und sie hat meine und unsere Hilfe mehrfach ausgeschlagen. Sie weiß, dass ein einziger Anruf genügt und wir holen sie helfen ihr ein neues Leben aufzubauen, aber so lange sie keine Hilfe will können wir ihr nicht helfen.

Michael, Patrick, Victoria, Franzisca und ich haben uns ein neues Leben aufgebaut. Patrick wohnt mit seiner zukünftigen Frau im Haus gegenüber und so vergeht kein Tag, an dem wir uns nicht sehen. Unser Leben ist nichtmehr geprägt von Angst, Schmerz, Entbehrung und Leid. Wir sind keine Musterfamilie, sondern eine ganz normale Familie, die lebt, lacht, weint, streitet, sich versöhnt und versucht alle Trauer der vergangenen Zeit zu vergessen.

Wir schauen nach vorne und nichtmehr zurück!

Nachwort

Ich schenke EUCH ein rosa Tütchen

Als ich eines Tages, wie immer traurig,durch den Park
schlenderte und mich auf einer Parkbank niederließ, um
über alles nachzudenken was in meinem Leben schief
läuft, setzte sich ein fröhliches
kleines Mädchen zu mir.
Sie spürte meine Stimmung und fragte: "Warum bist Du
traurig?"
"Ach", sagte ich "ich habe keine Freude im Leben. Alle
sind gegen mich. Alles läuft schief. Ich habe kein Glück
und ich weiß nicht wie es weitergehen soll."
"Hmmm ", meinte das Mädchen, "wo hast Du denn Dein
rosa Tütchen? Zeig es mir mal. Ich möchte da mal
hineinschauen." "Was für ein rosa Tütchen?",fragte ich sie
verwundert. "Ich habe nur ein schwarzes Tütchen."
Wortlos reichte ich es ihr. Vorsichtig öffnete sie mit ihren
zarten kleinen Fingern den Verschluss und sah in mein
schwarzes Tütchen hinein.Ich bemerkte wie sie erschrak.
"Es ist ja voller Alpträume, voller Unglück und voller
schlimmer Erlebnisse!" "Was soll ich machen? Es ist eben
so. Daran kann ich doch nichts ändern." "Hier nimm,"
meinte das Mädchen und reichte mir ein rosa Tütchen.
"Sieh hinein!" Mit etwas zitternden Händen öffnete ich
das rosa Tütchen und konnte sehen, dass es voll war mit
Erinnerungen an schöne Momente des Lebens.Und das,
obwohl das Mädchen noch jung an Menschenjahren war.
"Wo ist Dein schwarzes Tütchen?" fragte ich neugierig.
"Das werfe ich jede Woche in den Müll und kümmere
mich nicht weiter darum", sagte sie. "Für mich besteht der

Sinn

des Lebens darin, mein rosa Tütchen im Laufe des Lebens voll zu bekommen. Da stopfe ich soviel wie möglich hinein. Und immer wenn ich Lust dazu habe oder ich beginne traurig zu werden, dann öffne ich mein rosa Tütchen und schaue hinein. Dann geht es mir sofort wieder besser. Wenn ich einmal alt bin und mein Ende droht, dann habe ich immer noch mein rosa Tütchen. Es wird voll sein bis oben hin und ich kann sagen, ja , ich hatte etwas vom Leben. Mein Leben hatte einen Sinn!" Noch während ich verwundert über ihre Worte nachdachte, gab sie mir einen Kuss auf die Wange und war verschwunden.

Neben mir auf der Bank lag ein rosa Tütchen. Ich öffnete es zaghaft und warf einen Blick hinein. Es war fast leer, bis auf einen kleinen zärtlichen Kuss, den ich von einem kleinen Mädchen auf einer
Parkbank erhalten hatte. Bei dem Gedanken daran musste ich schmunzeln und mir wurde warm ums Herz. Glücklich machte ich mich auf dem Heimweg, nicht vergessend, am nächsten Papierkorb mich
meines schwarzen Tütchens zu entledigen.

Ich wünsche allen Menschen und speziell meiner Familie und meinen Freunden ein stets volles, rosa Tütchen!

Herstellung und Verlag:
Books on Demand GmbH, Norderstedt
ISBN 978-3-8391-2928-9